文通天下

突 破 认 知 的 边 界

苏语童 著

妈妈圈里的
信息差

光明日报出版社

图书在版编目（CIP）数据

妈妈圈里的信息差 / 苏语童著. -- 北京：光明日报出版社，2025.8. -- ISBN 978-7-5194-8901-4

Ⅰ. G782

中国国家版本馆CIP数据核字第202548HQ80号

妈妈圈里的信息差
MAMA QUAN LI DE XINXI CHA

著　　　者：苏语童	
责任编辑：孙　展	责任校对：徐　蔚
特约编辑：王　猛	责任印制：曹　净
封面设计：李果果	

出版发行：光明日报出版社
地　　址：北京市西城区永安路106号，100050
电　　话：010-63169890（咨询），010-63131930（邮购）
传　　真：010-63131930
网　　址：http://book.gmw.cn
E － mail：gmrbcbs@gmw.cn
法律顾问：北京市兰台律师事务所龚柳方律师
印　　刷：河北文扬印刷有限公司
装　　订：河北文扬印刷有限公司
本书如有破损、缺页、装订错误，请与本社联系调换，电话：010-63131930
开　　本：170mm×240mm　　　　印　　张：18.5
字　　数：220千字
版　　次：2025年8月第1版
印　　次：2025年8月第1次印刷
书　　号：ISBN 978-7-5194-8901-4
定　　价：68.00元

版权所有　翻印必究

打破信息差，重新定义"好妈妈"的标准

我们生活在一个比以往任何时代都更重视育儿的时代，丰富的信息供给让每一位妈妈都能轻松接触到全新的育儿理念、科学的育儿方法、儿童营养膳食方案、儿童心理健康指南……但这些信息并没有减少妈妈们的育儿焦虑，反而让她们变得更加迷茫。

在"妈妈圈"里，各类育儿信息此起彼伏，攀比之风更是充斥在妈妈们的心中：谁家的孩子先学会了走路，谁家的孩子进入了知名国际双语幼儿园，谁得到了前沿小升初方案……这类攀比不一定是出于恶意，却无形中制造了一种巨大的信息差，进而引发了妈妈们的焦虑。

当别的妈妈掌握了一些育儿"要诀"，你却可能置身信息的盲区；当别的家庭轻松选择"最优解"，你却为一个简简单单的决定而犹豫再三，甚至在事后自我怀疑。仅仅想到这种可能，就会让许多妈妈局促不安。可见，并不是信息差可怕，而是被它裹挟，失去了独立思考的能力，以至于渐渐忘记各个家庭的情况千差万别。其实，大可不必为此不安，要知道每个孩子的成长轨迹都是无法复制的。

"好妈妈"也无法用某一套所谓的"黄金标准"就能被定义。在这个时代，妈妈们肩负着巨大的责任与压力。让我们回想一下，几代之前

的妈妈们可能从未听说过情绪价值、精细化育儿等词汇，却依然养育出了无数优秀的孩子，而如今的妈妈们生活在被育儿信息包围的环境中，反而总担心自己耽误了孩子。原因很简单，信息差正在悄然塑造我们的育儿观、人生观和成长观，甚至影响我们与孩子共同成长的节奏。比如，在育儿观上，很多妈妈认为"好母亲"的衡量标准就是孩子的成功，哪怕这种"成功"从未被清晰定义过；在成长观上，她们常常急于给孩子规划一个"完美人生蓝图"，却忽视了"成长的核心不是结果，而是体验与过程"；在逆商培养上，她们总想为孩子清除人生路上的障碍，殊不知，那些小小的挫折才是孩子未来面对人生复杂性的必经之路。而这些误区，都与信息差息息相关。

打破信息差，不仅是获得更多资讯，也是学会选择，更重要的是学会拒绝——拒绝无效的信息、拒绝别人强加的标准、拒绝用别人的行为模式定义自己的生活。要想成为一位好妈妈，首先要从意识到信息差并试图突破它开始。

本书将从认知差、育儿观、人生观、成长观、逆商培养等多个角度切入，拨开传统观念与信息差的迷雾，帮助妈妈们重新审视什么才是"好妈妈"。我们不仅会讨论怎样帮助孩子健康成长，也会探讨如何让作为妈妈的你获得更强的内心力量。每一位妈妈都需要提醒自己，你的优先级并不永远是"孩子第一"，而是"孩子和妈妈同等重要"。一个健康、自信、充满活力的妈妈，才是对孩子最好的引导。

在打破信息差的过程中，你会发现，作为妈妈完全没必要去追赶别人的步伐，而是找到适合自己和家庭的节奏。没有一种通用的"好妈妈"公式，每一个妈妈都有权定义自己的育儿方式，因为你和你的孩子一样独一无二。你也可以感受到，真正的育儿并不是焦虑的追逐，更不是疲惫的消耗，而是一次有趣且深刻的双向奔赴的成长之旅。

妈妈，可以是温柔的，也可以是坚定的；可以是传统的，也可以是前卫的；可以是面面俱到的，也可以是为自己留白的。世界上没有一种被强加的"好妈妈"标准，每一种爱与陪伴的方式都值得被尊重。

愿这本书，成为你在育儿旅程中的明灯，帮你打破信息的桎梏、屏蔽外界的干扰、消除内心的焦虑。愿每一位妈妈，都能从"育儿圈子"的喧嚣中找到自己的步伐，在实现自我价值的同时，陪伴孩子一起成为最好的自己。

好妈妈，不是标准的答案，而是用心选择的过程。愿你在阅读本书的旅途中，找到属于自己的答案。

目录

信息差 1：真正的精英教育到底强在哪里

认知觉醒：信息差如何影响孩子的未来　　　　　　　　002

为什么有些妈妈总能更懂孩子　　　　　　　　　　　　007

信息焦虑时代，如何筛选真正有用的育儿知识　　　　　012

认知差与教育差：点亮孩子的天赋　　　　　　　　　　017

素质教育不仅仅是多才多艺　　　　　　　　　　　　　022

你是控制型父母还是引导型父母　　　　　　　　　　　027

AI 时代，哪些变化会影响家庭教育　　　　　　　　　033

怎样提前帮孩子找对职业方向　　　　　　　　　　　　039

信息差 2：从小规划升学，教育白名单和研学的魔力

规划好语言类学习，提升孩子的隐形战力　　　　　　　046

为什么高阶妈妈都在提前布局英语考级　　　　　　　　056

艺体特长这样规划，从兴趣班蜕变出价值　　　　　　　063

有远见的妈妈，悄悄布局科技特长　　　　　　　　　　069

数学能力怎么培养？竞赛型规划拉开关键差距　　　　075

提前入场，为"物、化、生、地"打好底子　　　　　　080

研学！孩子升学过渡的"助推器"　　　　　　　　　　083

信息差3：为什么孩子无法共情你的付出

别被标准化的成长信息误导　　　　　　　　　　　　　090

行为观察：多数妈妈忽略的关键信息　　　　　　　　　096

语言信息：从"无效唠叨"到"有效沟通"　　　　　　 101

那些被误解的"熊孩子"行为　　　　　　　　　　　　106

怎样用词汇信息塑造孩子的情商　　　　　　　　　　　113

别人说的"家长权威"，就是惩罚孩子吗　　　　　　　119

双向成长：被忽视的教养反馈信息　　　　　　　　　　125

如何用"好奇心"与孩子建立深度连接　　　　　　　　131

信息差4：大格局妈妈都在做哪些准备

"保护"还是"暴露"，真实世界的善与恶　　　140

社会责任感是一种稀缺的教育信息　　　147

做自己的勇气：被主流信息掩盖的个性价值　　　154

不完美的教育才是最好的教育　　　159

隐藏的社会规则：会合作的孩子更优秀　　　166

竞争不是一场"零和游戏"　　　172

从碎片化信息中传递日常价值观　　　178

从"小我"到"大我"：如何让孩子融入集体　　　185

信息差5：陷入育儿盲区而不自知有多可怕

父母的"原生家庭"如何影响下一代　　　192

好家长就是要每天监督孩子写作业吗　　　198

专注力培养：绝大部分干扰源来自家长　　　204

如何帮助孩子建立"自发学习"的能力　　　210

少有人知的自律培养方法　　　　　　　　　　215

孩子的"三分钟热度"不可怕　　　　　　　　222

信息的广度决定孩子的成长高度　　　　　　　227

如何通过"体验学习"塑造孩子的格局观　　　232

成功并非终点：培养孩子持续成长的能力　　　237

信息差6：溺爱的本质就是小瞧孩子的能力

信息匮乏：为什么"温室中的花朵"更娇气　　244

被人们忽视的困境教育　　　　　　　　　　　249

让孩子主动面对"不公平"的世界　　　　　　255

跳出"家长代办"的误区，培养主动性　　　　262

从"小失败"到"大成功"的成长曲线　　　　267

学会分辨批评，接受批评　　　　　　　　　　272

帮助孩子找到属于自己的节奏　　　　　　　　277

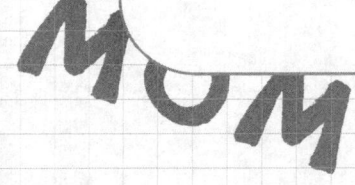

信息差 1：

真正的精英教育到底强在哪里

认知觉醒：信息差如何影响孩子的未来

你是否觉得自己已经为了"托举"孩子的成长而倾尽全力？看到家长群里有人推荐奥数班，立刻给孩子报名；听说同事的孩子在学编程，马上搜索附近的培训机构；育儿博主分享的"必读书单"，你一本不落地全部下单。然而，夜深人静时，你有没有想过这个问题——这些选择真的适合你的孩子吗，还是你正在被各类信息裹挟着前进？

这就是妈妈圈里最隐秘的陷阱，我们总在追逐别人口中的"完美途径"，却很少思考这些信息是否真实、全面，是否适合自己的孩子。信息差，正在悄悄拉开孩子之间的差距。那些懂得筛选优质教育资源的妈妈，那些能识别真假教育信息的妈妈，她们与孩子的每一次对话、每一个选择，都在打破这道无形的认知壁垒。

父母的视野，决定了孩子的未来格局

在讨论教育孩子之前，先问问自己：你对这个世界了解多少？你是否经常深入思考孩子未来可能面对的环境，是否思考过社会正在经历什么样的变化？

在家长群里,你可能经常看到其他人的推荐——"××机构的兴趣班效果特别好!"但很少有人告诉你,这些兴趣班适合什么样的孩子,需要投入多少时间成本,与其他课程能不能联动或者协同。这就是典型的信息不对称——我们接收到的往往是碎片化、片面化的信息。如果只是因为"别人家的孩子都在学"就递上报名表,那么我们的大脑实际上正在偷懒,在用别人的选择代替自己的思考。

眼前就有一个极好的例子,人工智能时代正在迅速到来,未来许多传统行业可能会被机器取代。但你心里是否依然将"考个好大学就可能找一份稳定工作"视为唯一的成功路径?如果家长的认知没跟上时代的变化,就很可能会用旧思维限制孩子的发展。

因此,在讨论教育孩子之前,作为母亲更应该先提升自己的认知,以自己的成长来引领孩子的成长。不妨反过来想想,我们可以做些什么来拓宽自己的视野。比如阅读一些关于未来职业趋势的书籍,了解社会不同领域的动态,或者主动参加一些学习型的家长社群,与更多有见地的父母交流。你会发现,拓宽了自己的视野,曾经纠结的不少问题的答案会变得清晰起来。

以上面的例子来说,在了解到人工智能的发展进程后,你可能会意识到,未来孩子更需要的是学习能力、沟通能力和解决复杂问题的能力,而不是单纯的某一门技能。这种认知上的觉醒,能够让你为孩子搭建更长远的成长路径,而不是局限在眼下的短期成效中。

育儿观念需要迭代,别用旧思维束缚新一代孩子

认知提升不仅是提升自己对外界的信息判断力,让我们在引导孩子

的成长时，能给出更符合未来发展的建议，也是提升自己的教育理念，摒弃老套的育儿思维，从更多元的角度思考孩子的教育。

当孩子成绩不好时，你第一反应是不是让他"多做题""多努力"？当孩子遇到挫折时，你是不是习惯性地说"努力了就不会有问题"？这些话或许当年对你来说适用，但对于这一代孩子，教育环境和心理发展早已不同。我们必须升级自己的育儿认知，去理解孩子真正的需求。

年轻妈妈晓琳有一个两岁的女儿，因为工作压力大，加上家里的老人秉持许多传统育儿观念，她常常处于焦虑状态。她总是在跟其他人比较，当孩子的语言发育慢了一些，她就会满心焦虑，好像天都塌了。她问我："我是不是做错了什么，或者是孩子哪里出了问题？"

我想，晓琳就是太过急于求成。在她的家庭中，大家都习惯用"里程碑"式的标准来衡量孩子的成长——几岁应该会什么，几岁又应该达到什么标准。这种固化的认知，让她无法真正了解孩子个性化的发育特点。

我建议她换一种方式，把关注点放在孩子的成长，而不是跟别人比较的结果上，试着观察孩子的日常，记录变化，而不是盯着某些具体目标。几个月后，我们再次见面，她的整个人变得轻松了许多。她告诉我："之前我觉得孩子比别人成长慢，现在我懂了，其实孩子也有自己独特的节奏。比如别的孩子可能更快学会说话，但我的孩子特别擅长用肢体表达情感，还很爱笑，总是主动跟人拥抱，也能特别快速地理解我们的意思。我好像终于放下了那种'必须跟别人比'的执念。"

晓琳的认知转变，让她开始享受育儿的过程，而不是追求那些被外界定义的成功。她的放松，也给了孩子更多安全感。后来，她的孩子确实慢慢开始说更多的词汇，但更重要的是，这对母女都变得更加自在、快乐。

我们可以尝试关注一些现代教育心理学的研究，了解孩子的内在动机、情绪管理、逆商培养等新领域的知识。比如，情绪管理的能力在现代已经被认为是一个人适应社会的关键，而不是"让自己忍住不哭"这么简单。

育儿观念的迭代并不意味着你需要完全抛弃自己的经验，而是要学会更多向前看，去理解目前孩子所面对的环境，与时俱进。

认知升级：从"固定型思维"到"多元的可能"

心理学家卡罗尔·德韦克曾提出"固定型思维"和"成长型思维"的经典理论。固定型思维者会倾向于认为能力是天生的、固定的，而成长型思维者则相信能力可以通过努力与学习不断提升。如果父母本身持有固定型思维，就很可能会在潜移默化中影响孩子，让他们对很多挑战产生畏难情绪。

比如，当孩子某次考试成绩不好时，固定型思维的父母可能会说："你就是不聪明，数学这科对你来说太难了。"而成长型思维的父母会说："这次错了没关系，我们找到问题的原因再慢慢改进。"前者容易让孩子产生"反正我做不到"的心态，而后者则在潜移默化中向孩子传递了一种进步的可能性。你的"思维方式"，最终会成为孩子看待世界的底层逻辑。

很多父母在育儿过程中遇到的焦虑，本质上是因为他们"认知地图"中的路径太过固定，把所有的教育问题都导向了狭隘的"标准答案"。一个认知更为开阔的家长，会从"多元可能性"的角度出发，看到每个孩子都可以走出一条与众不同的路。孩子不需要符合父母心中的"完美标准"，而是成为他自己。

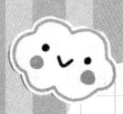

行动指南：从认知觉醒到行动迭代

父母认知的升级，并不是某一天突然灵光乍现，而是一个"拆解—反思—重建"的过程。

拆解：反思自己目前的认知模式

试着问自己，你的教养方式是否基于对孩子真实需求的理解，还是仅仅复制了"别人都这么做"的固有模式？观察自己在育儿上是否有"偷懒"的认知。

反思：探索更多可能性

主动接触一些超出你舒适圈的知识领域，比如未来科技、儿童心理学、教育方法论等。拓宽你的认知，才能给孩子更广阔的世界。

通过阅读、交流或观察孩子的行为，找到与自己认知不一致的地方，尝试从新的视角去理解。

重建：动态调整自己的育儿观念

接纳育儿过程中的不确定性，少一些"一次定论"，多一些"不断试错和迭代"，用"成长型思维"去看待孩子的发展。

为什么有些妈妈总能更懂孩子

曾有一位妈妈问我:"为什么别人家的孩子总能和妈妈亲密无间,而我的孩子总是跟我不在一个频道上?"这个问题让我陷入了沉思,因为它不仅是她一个人的疑惑,更是许多妈妈的共同难题。

我们都希望成为懂孩子的妈妈,但现实却常常事与愿违。孩子越长大,我们似乎越难读懂他的心。他对自己的兴趣闭口不言,他的情绪来得莫名其妙,他的行为有时像谜一样,让人摸不着头脑。

于是,许多妈妈开始病急乱投医,报兴趣班、买教育书、听从网红博主的建议,甚至用"别人家的孩子"的标准来衡量自己的孩子。可结果呢?忙得团团转,却依然觉得自己和孩子之间隔着一堵墙。

为什么有些妈妈总能"更懂孩子",总能第一时间抓住孩子的需求,而你却总是猜不到?答案很简单:她们的认知更清晰,她们的选择更准确,她们的育儿方式更贴合孩子的真实需要。

懂孩子,从来不是天赋,而是一种能力。这种能力的背后,是观察力、信息筛选力和认知深度的共同作用。而这些,恰恰是许多妈妈在育儿过程中忽略的关键点。

为什么有些妈妈总能第一时间抓住孩子的需求

最近,我接待了一位妈妈,她满脸焦虑地问我:"老师,我的孩子已经4岁了,可是对什么都不感兴趣。别人家的孩子这个年纪都开始学钢琴、学画画了,我家孩子却好像对什么都提不起劲儿!我该怎么办?"

她告诉我,她已经带孩子试了好几个兴趣班,从舞蹈、画画到围棋,但孩子似乎对每一样都没有兴趣,每次上课都显得心不在焉。她觉得自己已经尽力了,却始终找不到孩子适合的方向。

我问她:"你平时有没有观察过孩子最喜欢做的事情是什么?"她愣了一下,说:"就是搭积木吧,有时候玩小汽车,也能玩很久。"

其实,答案已经藏在她的描述中了。孩子的兴趣从来不会凭空冒出来,它往往体现在日常的细节里。她的孩子可能对机械或空间构造更有兴趣,但她却忽略了这些行为背后的深层次需求,而是把注意力放在自己认为有用的技能上。

育儿的第一步不是教孩子学会什么,而是学会读懂孩子。那些更懂孩子的妈妈,之所以能抓住孩子的需求,不是因为她们有超人的直觉,而是因为她们愿意花时间观察孩子的行为,从细节中找到孩子的兴趣点。

信息差,让父母的选择偏离了孩子的真实需求

在信息过载的时代,家长们被各种育儿建议包围。家长群里的讨论、育儿博主的推荐、培训机构的宣传……每一种信息都在告诉你,如果不抓紧做决定,你就会落后。

于是,不少父母都被信息差裹挟着前进。

我认识的一个孩子阳阳，刚上小学没多久，对课堂知识的吸收速度较慢。阳阳妈妈在家长会上听说其他孩子通过"编程思维课"提升了逻辑能力，便认为这是"提升学习力"的捷径，立刻为阳阳报了一个线上编程班。一段时间后，她发现孩子不仅对课程兴趣寥寥，甚至开始抵触每天的学习任务，原本喜欢的手工课也敷衍了事。

我问她："你觉得孩子为什么对编程课没兴趣？"她困惑地说："大家都说学编程能锻炼大脑，难道不适合我们家孩子？"

后来，我通过观察发现，阳阳对色彩和动手操作极具热情，常把课本上的插图临摹得惟妙惟肖，却对屏幕上的代码指令感到枯燥。问题的关键不是"思维训练"本身，而是家长忽略了孩子的兴趣特质——比起抽象的代码逻辑，他更需要通过具体的实践体验来学习。

于是，我建议阳阳妈妈暂时停下跟风的脚步，带孩子参加了社区组织的"科学实验工坊"。这里通过趣味小实验（如用积木搭建电路、观察植物生长）引导孩子理解逻辑关系，既保留了"思维训练"的内核，又贴合他喜欢动手的特点。两周后，阳阳主动指着课本上的自然课内容说："这个实验我们在工坊做过！"他眼中闪烁着久违的光彩。

这件事让我意识到，跟风的育儿方式，容易把孩子的需求抛到脑后。那些"更懂孩子"的父母之所以能做出更适合的选择，是因为他们懂得观察孩子的兴趣密码：不是盲目追逐"提升成绩"的标签，而是学会从海量信息中筛选出与孩子特质共振的"成长养分"。

认知层次的不同，决定了父母的育儿方式差异

除了观察力和信息筛选力，还有一个关键因素决定着父母是否能更

懂孩子，那就是认知层次。

有一次，一位妈妈带着孩子来咨询。她的孩子喜欢问各种"为什么"，但她觉得那些问题很烦，因为她认为孩子"问得太多，没必要"。

我问她："你有没有试着回答孩子的问题？"她笑着说："他才4岁，问的那些问题那么复杂，我也不懂，怎么回答？"

我告诉她："咱们别用成年人的眼光去衡量孩子的世界，孩子提问的时候，最需要的就是得到回应，不必太深入，但要帮助孩子形成正反馈。"

这位妈妈没有意识到，孩子的提问其实是探索世界的方式。如果这些好奇心得不到回应，孩子的学习主动性可能会慢慢减弱。我建议她换一种方式：当孩子问她问题时，可以一起查资料、看书或者动手实验。这样不仅能保护孩子的好奇心，还能让她和孩子的关系更亲密。

认知层次的差异，决定了父母对孩子行为的解读方式。那些更懂孩子的父母，往往能从行为背后看到孩子的真正需求，而不是用自己的标准去评判孩子。

行动指南：成为"更懂孩子"的妈妈，从这三步开始

练习观察力，读懂孩子的行为

每天花10分钟观察孩子的日常行为，注意他什么时候最专注、最开心、最有热情。记录这些细节，并尝试找到他的兴趣点。

筛选信息，找到真正有用的建议

每次做育儿决策前，问自己三个问题：这是否符合孩子的特点？是否能给孩子带来长期的益处？是否与家庭的实际情况匹配？学会筛选，而不是轻信外界的声音。

升级认知，从孩子的视角看问题

学习儿童心理学或教育方法论的知识，了解孩子的成长规律。试着从孩子的视角去理解他的行为，少一些批评，多一些接纳。

信息焦虑时代，
如何筛选真正有用的育儿知识

我们身处一个信息爆炸的时代，各种育儿建议像潮水一样涌来。每天都有无数的黄金法则、必备技能、成功案例在提醒你："如果不抓紧行动，你的孩子会输在起跑线上"。于是，父母们拼命跟着信息走，尝试了许多育儿方法，却效果甚微，还让亲子关系变得紧张。

为什么信息越多，我们越焦虑？为什么花了那么多时间和精力，却还是找不到方向？答案很简单：我们掉进了信息焦虑的陷阱。

心理学家巴里·施瓦茨曾在《选择的悖论》中提到，当人们面临过多的选择时，他们的决策效率会下降，甚至产生无力感。这种现象同样适用于育儿——信息越多，选择越难；选择越难，焦虑越深。

懂得筛选信息，已经成为现代父母的一项必备技能。否则，信息过载不仅会让我们迷失方向，还可能让我们错过真正适合孩子的成长机会。

☁ 为什么过多的信息会让父母变得更加迷茫

关于这个问题，让我们从莉莉的故事说起。莉莉的孩子刚满3岁，正是语言发育的关键期。她每天泡在各类育儿群里，看各种关于语言训练的建议。有人说要每天读绘本，有人说要让孩子多看英语动画，还有人推荐了一个语言训练班，号称能"让孩子3个月开口说流利句子"。

莉莉觉得这些建议都很有道理，可问题是，她不知道该从哪里开始。她读了绘本，但孩子只看了几页就跑去玩玩具；她试着让孩子看英语动画片，但孩子根本不感兴趣；她给孩子报了语言训练班，结果孩子哭闹着不肯去。

"我每天都在试，可是越试越觉得自己没方向。是不是我做得还不够？"她问我。

其实，莉莉的问题并不是"做得不够"，而是"信息太多"。在信息过载的情况下，父母的注意力被分散到各个方向，结果既没办法深入了解孩子的真实需求，也无法找到适合孩子的重点方法。

心理学家丹尼尔·卡尼曼在他的研究中提到，人类的大脑在处理复杂信息时容易陷入"认知偏差"，也就是无法有效筛选出对自己最重要的信息。当育儿建议过于密集时，父母的大脑会自动选择"试试看"的方式，而不是深入思考哪种方法才是真正适合自己孩子的。

信息过载的本质，是让我们陷入试错的循环，而试错的成本，最终是孩子的时间和精力。

筛选力：哪些育儿建议符合科学依据，哪些只是营销噱头

信息本身并不可怕，可怕的是我们无法辨别信息的真假。那些看起来很有用的建议，可能只是迎合家长焦虑的营销噱头。

有一次，一位爸爸告诉我，他在网上看到一个号称"提分神器"的

课程，宣称只要每天坚持练习10分钟，就能让孩子成绩快速提升。虽然课程价格不菲，但他觉得为了孩子的成绩，花钱也值得。

我问他："你觉得这个课程为什么有效？"

他愣了一下，说："网上很多人推荐啊，评价也不错。"

于是，我带着他仔细研究了一下这个课程，发现它其实只是把普通的题型包装成了特殊训练法，并没有任何科学依据。他这才意识到，自己差点被营销噱头迷惑。

育儿建议的筛选力，已经成为现代父母必须掌握的一项技能。育儿的核心不是追逐万能公式，而是根据孩子的特点、环境和需求，动态调整自己的方法。育儿建议的价值，不在于它有多受欢迎，而在于它是否符合科学规律和孩子的真实需求。

那么，如何判断哪些育儿建议是可靠的，哪些只是噱头呢？

家长首先要学会筛选来源，选择来自权威教育机构、专业人士或经过验证的研究成果的信息，而不是轻信广告宣传。而且，科学的育儿方法通常会解释"为什么有效"，而不是只告诉你"结果有多好"。如果某种建议只强调效果，但没有清晰的逻辑支撑，就需要保持警惕。

记住，再好的方法，如果不适合你的孩子，那就是无效的。一定要结合孩子的特点，评估建议是否符合实际情况。

建立自己的信息评估体系

真正优秀的父母，往往会建立自己的信息评估体系，而不是盲目跟随外界的声音。

佳佳的孩子是个天性好动的小男孩，总喜欢跑跳、拆东西，对传统的学习内容兴趣不大。佳佳起初也很焦虑，但后来她逐渐摸索出了一套适合自己的信息筛选方法。

这位年轻的妈妈俨然已经是个教育界的老手，她告诉我，她很少看营销博主分享的教育内容，而是会关注一些专业平台，比如儿童心理学专家的讲座或在线课程，因为这些信息通常更客观、更系统。建立系统的教育认知非常重要，这能让家长有长期稳定的教育思想，而不是今天推崇快乐教育，明天又要奉行"虎妈狼爸"教育方式，让孩子也无所适从。

自从有了孩子，佳佳养成了看书的好习惯，每个月都会阅读一本儿童教育或心理学相关的书籍，通过理论知识来丰富自己的认知。

当然，将理论转化到实践的过程是最重要的，所以最关键的一环是，她会结合孩子的日常表现，来评估哪些建议真正有效，比如孩子对某些活动是否表现出兴趣，是否愿意主动参与。

佳佳说："现在我不会盲目跟风了。每次看到育儿建议，我都会先问自己，它适不适合我的孩子？"

孩子的成长是个体化的过程。只有结合孩子的具体表现，才能找到最适合他的成长路径。所有育儿知识最终都需要结合实践检验，因为只有孩子的反馈，才是最真实的答案。

行动指南：如何筛选真正有用的育儿知识

减少冗余信息输入，避免信息过载

不需要每天在网络平台刷几十篇文章、看无数个视频。建议选择几个权威平台或专家账号，专注获取高质量的信息，而不是追逐数量。

提升筛选力，学会辨别真假信息

每次看到育儿建议时，先分析一下这个建议的来源是否权威、这个方法是否符合科学逻辑、这个建议是否适合自己的孩子，减少孩子和家长的试错成本，对信息进行筛选再实践。

建立自己的信息评估体系

不要盲目跟着别人的教育思路和建议走，应多关注权威教育机构或专家的研究成果。有条件的话，每月阅读一本专业书籍，提升自己的理论水平。最后，结合孩子的行为表现，观察哪些方法对孩子有效，哪些需要调整。

认知差与教育差：点亮孩子的天赋

有些孩子天生拥有闪光的天赋，却没有机会成长为自己想成为的样子。这背后，往往不是孩子的问题，而是家长的认知出了问题。

曾有一个妈妈向我倾诉，她苦恼地说："我的女儿特别喜欢画画，但我觉得画画没什么好的发展，想让她把时间花在更有用的事情上。但现在，她成绩没提高，也不画画了，整天闷闷不乐。我是不是做错了？"

这个问题让我感到心痛。孩子的兴趣和天赋是需要被尊重和培养的，但因为家长认知的局限，许多孩子的潜力被埋没，甚至因为父母的干预变得失去动力。

父母的认知差异，不仅影响他们对教育的选择，更直接决定了孩子是否能够发挥自己的优势。孩子的天赋是父母视野的投影，父母看得多远，孩子才能走得多远。

认知差让家长忽视孩子的独特性

在教育选择上，许多家长都习惯于跟随潮流。他们看到别人的孩子去学什么，就觉得自己的孩子也必须学；听到某项技能很热门，就急着让孩子去尝试。但这种随大流的做法，常常忽视了孩子的独特性，甚至让属于孩子的真正天赋被埋没。

小雨的妈妈就是一个典型的例子。小雨从小就对植物特别感兴趣，她喜欢观察花草的生长过程，还会用涂鸦记录自己发现的小细节。但她的妈妈却认为植物研究没前途，而且同事家的孩子都在学编程，于是她也给小雨报了编程课。

每次上课，小雨都显得无精打采，不愿意做老师布置的任务。妈妈以为她不够努力，开始强迫她多练习，结果却适得其反，小雨变得越来越厌倦学习，连原本的涂鸦记录也不做了。

随大流的教育选择，就像一把无形的剪刀，轻易剪掉了孩子的兴趣线索。心理学家霍华德·加德纳的多元智能理论告诉我们，每个孩子都有不同的智能优势，比如语言智能、空间智能、自然观察智能等。这些优势需要被父母敏锐地发现并加以支持，而不是被统一的标准和潮流趋势取代。

点亮孩子的天赋，需要家长跳出随大流的陷阱，学会观察孩子的独特性，尊重他们的兴趣倾向。教育不是跟风，而是为孩子找到真正适合的成长路径。

认知固化，让家长无法支持孩子的爱好

除了随大流，还有一种认知差更容易埋没孩子的天赋，就是家长固化的思维。许多家长习惯用实用性去评判孩子的兴趣，而这种评判常常让孩子的爱好和潜力被轻易否定。

小佳的爸爸是一个喜欢动手的工程师，而小佳酷爱跳舞，艺术天赋

十分突出，跟爸爸似乎截然不同。小佳每天都在家里练习动作，还会自己编排小舞蹈，表演给家人看。但爸爸认为跳舞没用，他觉得未来是科技的天下，女儿应该多花时间在学习上，而不是浪费时间在唱歌跳舞这类爱好上。

为了让小佳走正路，爸爸开始减少她练舞的时间。结果，小佳不仅在学习上没有进步，还变得沉默寡言，连家里人逗她跳舞都不愿意回应了。

其实，兴趣和天赋是孩子与世界连接的桥梁，而父母的固化认知则是这座桥梁的阻碍。孩子的爱好看似无用，但它背后可能隐藏着深层次的能力，比如跳舞能够锻炼身体协调性、自我表达能力和团队合作精神。这些能力不仅对孩子的成长至关重要，甚至可能成为他们未来发展的核心优势，与鼓励孩子学习并不冲突。

支持孩子的爱好，不是简单地放任自流，而是从兴趣中找到天赋的线索，然后用科学的方式帮孩子进一步发展。一个认知开阔的父母，会在孩子的兴趣里看到可能性，而不是局限性。

认知升级，如何成为点亮孩子天赋的父母

从儿童心理的角度讲，天赋也需要培养，它的成长需要三个要素，分别是触发兴趣、环境支持和时间积累。

小林的妈妈曾是典型的"实用主义教育者"。当发现儿子总对着小区里的流浪猫哼唱自编的旋律时，她第一反应是"唱歌能当饭吃吗"，甚至没收了孩子偷偷攒钱买的口琴。直到一次偶然的机会，她在家长群里看到另一位妈妈分享孩子通过音乐培养出的专注力案例，才开始反思

自己的固化思维。她试着带小林去听儿童音乐会，没想到孩子在现场眼睛发亮，能准确记住每首曲子的节奏变化。于是她给小林报了入门级的乐理课，还在家中布置了专属的音乐角。经过两年的坚持，小林不仅能流畅地演奏多种乐器，还在区青少年才艺大赛中崭露头角。更让妈妈惊喜的是，孩子在乐理学习中培养出的逻辑思维，竟间接提升了数学成绩。这个案例印证了心理学家埃里克森的刻意练习理论——天赋的显现需要持续的正向反馈。当家长愿意为孩子的兴趣搭建阶梯式的成长环境，那些看似无用的爱好，终将在时间的沉淀中转化为独特的核心竞争力。认知升级的关键，在于父母能否从兴趣审判官转变为天赋园丁，用耐心的浇灌代替粗暴的修剪。

认知差的本质，就是父母无法发现孩子的潜力。而认知升级，则是一种主动的改变。从盲目跟随到独立判断，从固化思维到多元视角，从控制型教育到支持型教育。

陆妈妈的儿子小宇安静内向，平时不喜欢说话，但特别擅长画画。陆妈妈起初也担心画画没出路，但她没有轻易否定儿子的爱好，而是尝试去了解画画对小宇的意义。她经常带儿子去参观画展，还在社区里给他找到一个画画兴趣班。随着时间的推移，小宇的画技越来越精湛，甚至在学校的艺术比赛中获得了奖项。更重要的是，他变得更加自信，在画画之外，也愿意挑战很多其他的事。陆妈妈告诉我："以前我总觉得画画只是孩子的兴趣，但现在我发现，这可能就是他的天赋，或者是他开启天赋的钥匙。"

陆妈妈的认知升级，让她从一个主导者变成了发现者，这种转变，不仅让孩子的天赋有了发展的空间，也让亲子关系变得更加和谐。

行动指南：如何点亮孩子的天赋

多观察孩子的行为细节

每天花时间观察孩子的日常表现，注意哪些活动让他们表现出长时间的专注力和强烈的热情。记录这些细节，并尝试从中找到他们的兴趣点。

放下成见，接纳孩子的独特性

不要用传统的实用性思维去评判孩子的爱好，而是尝试从兴趣出发，探索爱好背后的潜力。

为孩子创造发展的机会

根据孩子的兴趣，为他们提供学习资源，比如兴趣班、相关书籍或实践机会。同时，鼓励他们大胆尝试，把兴趣变成能力。

升级自己的认知，拓宽视野

阅读关于教育和心理学的专业书籍，了解孩子的成长规律和多元智能理论，学习如何从发展的角度看待孩子的兴趣和天赋。

素质教育不仅仅是多才多艺

"素质教育"这四个字，几乎已成为许多家长嘴边的高频词。每当提到素质教育，很多人会想到各种技能，像是钢琴、绘画、舞蹈、围棋……似乎孩子掌握的才艺越多，就越接近素质教育的目标。

但素质教育的核心真的只是多才多艺吗？这是许多家长对素质教育的误解。真正的素质教育，是培养孩子在复杂社会中生存和发展的综合能力，包括好奇心、思维力，也包括情绪管理、团队合作和解决问题的能力。这些能力，远比单一的技能更重要。

在误解的驱使下，许多家长陷入了劳而无获的教育模式，给孩子报满各种兴趣班，却忽略了他们内在的成长需求。结果，孩子的时间被压缩，压力倍增，真正的素质教育目标却没有实现。素质教育，不是让孩子变得像一个样子，而是让他们成为独一无二的自己。

误区一：素质教育是才艺拼盘

许多家长认为，素质教育的核心是让孩子掌握尽可能多的才艺。但实际上，这种"才艺拼盘式"教育，往往让孩子陷入疲惫不堪的状态，真正的学习效果却十分有限。

小涵妈妈的做法很具有代表性。她希望女儿全面发展，于是从幼儿园开始就给孩子安排了很多课程。周一学钢琴，周二学画画，周三练书法，周末还有围棋班。妈妈觉得，只有让孩子多才多艺，才能不输在未来的竞争中。

小涵的个人时间被压缩得所剩无几，她对每一项课程都没有足够的精力深入学习。练习钢琴时，她只是机械地完成任务；画画课上，她总是敷衍了事。慢慢地，小涵对这些课程都失去了兴趣，甚至对学习产生了抵触情绪。

这是因为小涵没有体验到"心流"时刻，所谓"心流"，就是当我们全身心地沉浸在一件自己喜欢的事情中时，会感觉自己对外界的感知能力下降了，听不到周围的杂音，也忽略了外在的干扰，全身心地享受在当前的乐趣中。等你反应过来时，才会发现时间已经过去了很久。"心流理论"告诉我们，学习的最佳状态是专注于一个目标，并在过程中感受到兴趣和满足。而拼盘式的教育让孩子无法深入体验任何一个领域的乐趣和成就感，最终只能忙忙碌碌，却没有收获。

素质教育的核心不是让孩子会得多，而是让他们对某一项技能产生浓厚的兴趣和探索的动力。这种动力，才是他们未来发展的真正基础。

误区二：忽视内在能力，过度追求结果

另一个常见的误区是家长过度关注孩子的才艺成果，而忽略了培养他们的内在能力。许多家长让孩子参加各种比赛，追求奖杯、证书，用外在的成绩来证明自己"教育的成功"，小泽的妈妈就是这样一位家长。

小泽从小学习钢琴,因为妈妈觉得"学钢琴的孩子气质会更好"。但学了几年后,小泽开始对钢琴感到厌倦。他告诉我:"我根本不喜欢弹琴,但妈妈总是让我参加比赛,我弹得不好,她就会骂我。"孩子的表情已经充分说明了他在这场与母亲的角力中感受到的痛苦。

小泽妈妈的教育目标很明确,就是为了让孩子拿奖。可能她考虑到了,拿奖之后对小泽的升学、加分等都有额外帮助,但她忽略了一个关键问题——孩子本身对钢琴有没有兴趣,能不能从中获得内在的满足感。

人的学习动力来源于三种基本感受,自主感、胜任感和归属感。如果孩子的学习被父母强制安排,或者仅围绕外部奖励进行,他们的内在动机会逐渐减弱,也会对学习产生抵触。

素质教育的真正目标,不是让孩子成为"奖杯收割机",而是帮助他们培养独立思考的能力、解决问题的能力,以及面对挫折时的韧性。这些能力,才是孩子在未来社会中立足的根本。

误区三:忽略情绪管理与社会能力的培养

除了技能和成果,素质教育还有一个容易被忽略的重要维度,就是情绪管理与社会能力的培养。许多家长把教育的重点放在"学会什么",却忘了孩子在成长过程中更需要学会"如何面对自己"和"如何与他人相处"。

我记得曾经遇到过的孩子小然,她是个性格敏感的孩子,特别害怕在公众场合表现自己。她的妈妈为了锻炼孩子的胆量,给她报了演讲班,希望她能够在讲台上变得自信。但每次上课,小然都感到焦虑不安,甚至因为害怕公开演讲而哭了好几次。

妈妈开始觉得问题出在孩子身上,跟我说:"她太胆小了,我就是要逼她克服这个缺点。"

但实际上,我跟小然交流过之后,发现孩子的焦虑并不是因为胆小,而是因为她之前的社会化程度不够高,没有接触过这么多陌生人。她需要的是妈妈的陪伴和引导,帮她逐步接触社会,恢复正常社交,而不是直接被推到台上,这只会让她感到焦虑不安。

心理学家丹尼尔·戈尔曼的情商理论早已揭示:一个人的社会竞争力80%取决于情绪智力,包括自我觉察、同理心、冲突解决等能力。就像一棵树苗需要阳光雨露的滋养,孩子的成长也需要在"如何与人共处""如何面对挫折"等课题上得到引导。当素质教育被窄化为"才艺加分项",我们或许正在培养出一批"技能满分、情商欠费"的"单向度孩子"。

真正的素质教育,应当是在孩子心中种下多元能力的种子——既让他们拥有探索世界的专业能力,也赋予他们拥抱世界的情感能力。这些能力,是孩子成长中不可或缺的一部分。素质教育的目标,不是让孩子强行克服缺点,而是帮助他们在安全和友好的环境中逐步成长。这需要家长走出技能崇拜的误区,在关注琴棋书画的同时,蹲下来倾听孩子的情绪故事,陪伴他们在真实的人际交往中积累经验。毕竟,比奖杯更重要的,是孩子能在未来的风雨中稳住自己的内心航向。

行动指南：走出素质教育的误区，关注更复杂的教育维度

关注培养深度，而不是广度

不要让孩子的时间被过多的兴趣班填满。与其学得多而浅，不如专注于一个领域，让孩子有机会深入探索，获得成就感和兴趣。

轻结果，重过程，聚焦内在能力的培养

不要把奖杯和证书作为教育的目标。素质教育的核心是培养孩子的独立思考能力、解决问题能力和面对挫折时的韧性。这些能力，远比外在的成果更重要。

注重情绪管理与社交能力

帮助孩子学会认识自己的情绪，逐步培养情绪管理能力。通过家庭互动和社会实践，孩子更好地与他人相处，建立健康的社会关系。

尊重孩子的兴趣和节奏

素质教育的目标是让孩子成为更好的自己，而不是成为父母期待的样子。尊重孩子的兴趣和成长节奏，是素质教育的起点。

你是控制型父母还是引导型父母

在育儿的道路上,许多父母都希望为孩子提供最好的支持。然而,什么才是真正的"好"?有些父母选择用自己的经验和判断为孩子规划一切,成为控制型父母;而有些父母则愿意站在孩子背后,尊重孩子的选择,用引导的方式帮助孩子成长。

这两种教养方式,看似只是理念上的差异,却对孩子的成长方向产生了截然不同的影响。控制型父母往往认为自己的经验可以帮助孩子少走弯路,甚至认为干预孩子的行为是对他们的保护;而引导型父母则相信,孩子的独立性和自我驱动力是他们面对未来的核心竞争力。

你是哪一种父母?

让我们分析两种教养方式的核心差异,探讨如何从控制转向引导,为孩子的未来铺设更好的成长之路。

两种教养方式的核心差异是什么

控制型父母的教育方式,往往围绕命令和监督展开。他们认为,父母的责任是为孩子做决定,确保孩子按照自己的规划走向成功。从孩子日常生活的细节安排，到学业和兴趣的选择，甚至人际交往如何进行，控制型父母总是希望自己能掌握孩子成长的主导权。

引导型父母则完全不同。他们的教育方式更注重支持和尊重。引导型父母不会强迫孩子按照自己的意愿行动，而是通过创造适合的环境、为孩子提供充分的资源，帮助他们自己做决定。

两种教养方式的差异，体现在对孩子的决策权的态度上。控制型父母倾向于直接干预，认为自己的经验可以替孩子做出更好的选择，而引导型父母则愿意给予孩子学习的机会，哪怕孩子在学习过程中会犯错，他们也会耐心等待，并在孩子需要时提供支持。

小珊的父母属于典型的控制型。为了让她赢在起跑线，父母在她小时候就给她规划了具体的成长路线，每天在什么时候做什么事，父母都已经提前安排好了。小珊虽然表面上很听话，但内心却充满了抵触情绪。她告诉我："我觉得自己好像永远没有说'不'的权利，就连写作业的时候，先写数学题还是英语作文，我都没有权利选。我爸妈永远有一套他们自己的道理，我只需要听话就好了。"

与小珊形成鲜明对比的是小阳。他的父母是引导型的，他们尊重小阳的兴趣，让他自由探索不同的领域。小阳曾尝试学钢琴，但后来发现自己更喜欢运动，父母也支持他转向篮球训练。虽然他的篮球技术并不是顶尖，但他在这个过程中变得更加自信和快乐，还主动为自己制订了训练计划。小阳妈妈说："我们毕竟不是孩子本人，以后他能闯出什么样子，不是我们能想象的，我只能尽全力支持他。"

心理学家阿尔弗雷德·阿德勒曾指出，孩子的成长需要在归属感和自我效能感之间找到平衡。控制型父母的干预行为，往往会削弱孩子的自我效能感，让他们变得依赖家长，这会让孩子的成长变得迟缓，即便年龄长大了，心理和行为上还是依赖父母，甚至做事都很被动。而引导型父母的支持行为，能够帮助孩子在获得归属感的同时逐渐培养独立的能力。

控制型父母的目标是让孩子听话，引导型父母的目标是让孩子成长。这种理念上的差异，最终会在孩子的性格和未来发展上产生深远的影响。

为什么过度干预会让孩子失去独立性

许多控制型父母的教育理念，源于一种低层次的认知盲区，他们认为父母的干预可以让孩子少犯错，甚至可以帮助孩子避开成长中的困难。这种想法看似合理，实际上却容易让孩子的自我驱动力受到严重的负面影响。

小宇的父母就是这样，他们很爱孩子，觉得自己不是为了控制儿子而指手画脚，而是为了帮助儿子躲掉自己曾经吃过的亏。他们对小宇的学习成绩非常重视，每次考试结束后都会帮他分析错误，制订详细的学习计划。连小宇的作业，他们都会亲自检查，确保没有任何问题再交给老师。"我们为孩子做了自己能做的一切，"小宇爸爸说，"我们尊重他的选择和想法，只是看他自己去做的时候有些担心，所以多帮了一些，不算控制孩子吧？"

小宇却不这么想。他的成绩虽然很优秀，但对学习提不起兴趣。他告诉我："我感觉自己从来没有真正做过自己想做的事。就算我说想做什么，最后也会变成跟爸爸妈妈一起做，还得让他们检查我做得好不好。我觉得学习就是为了让他们满意。"

在过程中的过度干预也是一种控制，让孩子的自主感受到压制，最终导致他们的学习和行为变得机械化，失去了内在的驱动力。

过度干预的另一个问题是，它会让孩子对自己失去信心。小宇的父母虽然对他的学习过程非常关注，但他们的干预方式却让小宇觉得自己无法独立完成任务。他开始对自己产生怀疑，总是担心如果没有父母的帮助，自己就会失败。

控制型父母的认知盲区，让他们忽略了孩子需要通过自己的实践和试错来获得成长，而不是通过父母的安排来完成任务。只有让孩子自己面对挑战，他们才能逐渐培养独立性和解决问题的能力。

如何从控制转向引导

从控制型父母转变为引导型父母，并不是一朝一夕的事情，而是一个需要认知升级的过程。这种转变，既需要父母重新审视自己的教养方式，也需要他们学习如何为孩子创造更多的成长空间。

从发展心理学角度看，引导型教养的核心是"自主支持型教育"。心理学家爱德华·德西的自我决定理论指出，人类天生具有自主、胜任、归属三种基本心理需求，当父母以"脚手架式"的支持代替直接控制时，孩子的内在动机才能被真正激活。例如，引导型父母会采用选择提问法——与其说"你必须现在练琴"，不如说"你打算今天先练音阶还是先弹新曲子"，这种微小的语言调整，本质上是在向孩子传递"你的意见很重要"的信号。

心理学家戴安娜·鲍姆林德的经典研究也印证了这一点：长期追踪显示，权威型（类似引导型）父母的孩子成年后在学业成就、社会适应、情绪管理等方面表现更优，因为他们在童年时期获得了"有限自主空间"——父母设定清晰的边界（如规定学习时间），但允许孩子在边界内自主决策（如选择学习内容）。这种"有框架的自由"，既避免了放任自流的无序，又防止了过度控制的压抑。

小珊的妈妈是一个成功转型的例子。当小珊的日程被妈妈安排得满满当当时，她开始变得不自信，甚至对学习产生了抵触情绪。我把孩子的想法告诉了家长，小珊妈妈知道孩子的心声后，感觉很委屈，认为孩子不理解父母的苦心。

她跟我说，自己印象最深的是我说的那一句话："控制孩子的成长，你的焦虑不会消失，但孩子的动力会消失。"这让她开始反思自己的教育方式。她逐渐学会放手，给小珊更多的选择权。放学回家，她不再强迫小珊每天完成固定的学习任务，而是让她自己制订学习计划。她不再干预小珊的兴趣选择，而是鼓励她尝试自己喜欢的活动。在这个过程中，小珊的独立性逐渐增强，她终于能自己安排自己的时间。

结果，小珊妈妈担忧的孩子再也不学习的情况并没有发生，小珊在没有父母干预的情况下，一样能把生活和学习安排好，甚至比以前积极主动多了。她说："爸妈总是觉得我做不好，其实只是没给我机会去做。我不是爱玩，我就是想体验一下自己掌控时间的感觉，真爽！"

小珊妈妈意识到，孩子从来没有变，是自己的想法需要变。如果父母相信孩子有能力独立解决问题，采用引导的方式就会让孩子变得更加主动；如果父母认为孩子需要被控制，采用干预方式就会让孩子变得更加依赖。

是父母的选择，决定了孩子的表现。

行动指南：从控制型转向引导型父母的秘诀

让孩子做小决定，逐步培养他们的自主性

从生活中的小事开始，比如选择晚餐的菜式、周末的活动，或者去买哪类文具、玩具等。让孩子自己做决定，并接受决定产生的影响。比如，如果孩子选择了考前的周末去公园而不是复习，就需要接受可能减少复习时间的后果。要让孩子去体验不同决策的后果，才会慢慢感受到决策的责任和意义。

用开放式问题代替直接命令

当孩子面对选择或困难时，不要直接给出指令，而是通过提问来引导他们思考。比如，当孩子不想做作业时，不要说"赶紧去写作业"，而是问"你觉得不写作业会有什么后果"或者"你准备怎么安排时间才能完成作业"。让孩子通过问题去思考，并找到解决方法。

设定明确的边界，但允许孩子在边界内自由探索

引导并不意味着完全放任，而是需要设定合理的规则和边界。比如规定每天学习时间需要达到1小时，但如何安排这1小时的内容可以由孩子决定。这样既能保证孩子的成长方向不偏离，又能让他们在规则内感受到自由。

AI时代，哪些变化会影响家庭教育

最近，一位妈妈问我："现在AI技术发展得这么快，未来我们还能用传统的方法教育孩子吗？还是说，提升孩子的成绩和技能已经不重要了？"

这个问题让我陷入了思考。AI的到来不仅在颠覆我们的工作方式，也在悄悄改变着教育的本质。过去，我们总以为，只要孩子成绩好、掌握几门技能，就能在社会上站稳脚跟。但在AI时代，这种传统教育思维正在迅速过时。

AI不仅能比人类更快速地处理数据，还能完成许多复杂的任务，例如编程、翻译，甚至艺术创作。那么，未来的孩子要如何在这样的环境中找到自己的位置？

至少，家庭教育必须与时俱进。父母既要帮助孩子积累知识，也要帮孩子培养适应未来的能力。这不仅需要父母升级认知，还需要他们重新定义教育的目标和方法。

AI时代，传统教育思维正在被淘汰

在过去几十年里，教育的核心目标是让孩子掌握牢固的知识和技能。父母希望孩子通过学习获得一份好工作，而好工作一般代表着收入高且稳定。但近几年，AI技术的变革打破了很多既有的认知，一些过去很吃香的职业，比如会计、翻译等，都在面临被AI技术取代的风险。

于是问题来了——如果AI能快速替代这些技能，我们应该教孩子什么？

AI的强大之处在于，它能够快速生成内容、提供答案。孩子们通过AI工具，随时可以获得海量信息，甚至让AI直接生成作文、解答数学题或者规划学习计划。知识的获取效率和覆盖面因此大幅提升。这种变化，正在让传统教育中"记住知识点"的重要性逐渐失效。

另外，AI工具虽然可以提供答案，但无法替代孩子的逻辑推理过程和深层次的认知能力。所以，家庭教育更应该强调培养孩子的思维能力，让他们有好奇心，愿意思考和提问。教育的重点不再是给出"答案"，而是教孩子如何找到问题背后的"更好的问题"，这样就能利用AI工具发挥自己的优势。

但我们依然要在教育过程中警惕，不要让孩子依赖AI工具来学习。没有经过独立思考过程，他们将缺乏真正的深度学习和批判性思维能力。

小琳的情况很有代表性。她是一个初中生，最近迷上了使用AI工具解答作业问题。父母一开始觉得这是一件好事，毕竟，AI可以帮助她更高效地理解作业题，相当于多了一个"家庭老师"。但几次考试后，父母发现，小琳的解题能力明显退步，尤其是对复杂问题的解答能力，远不如以前。

这是一个典型的AI依赖现象。真正的学习来自思维力，如果孩子只是在接受答案，而不经过思考和探索，他们的认知能力会逐步退化。

AI时代，家庭教育要从"知识技能导向"转向"思维能力导向"。父母不必过于关注孩子背诵了多少知识，但要引导他们学会提问、分析和整合信息，培养批判性思维和深度学习的能力。

学习，是培养思考和提问的能力

父母必须思考的是，在AI技术爆发后，哪些能力才是真正的增值技能。

AI时代的一个显著特点是知识和技术的快速迭代。过去，我们可能经历十几年才会经历一次技术革命，而现在，可能每隔几年就会出现颠覆性的变化。孩子未来的适应能力强弱，取决于他们是否能快速学习新知识、适应新环境。

所以，学习能力的重点不再是考查知识量——如果比记忆力，谁也比不过AI工具。家长更应该培养孩子思考和提问的能力，提问就代表不断创造。AI虽然知道很多，但只是一个知识库，需要人类巧妙提问，才能将它的作用发挥出来。所以，思考和提问的能力变得非常重要。

小杰的父母一直认为，只要孩子掌握足够多的技能，就能应对未来的挑战。他们给小杰报了编程、数学竞赛和英语强化班，却忽略了孩子的学习积极性。结果，小杰虽然学了很多课程，却丧失了主动性和好奇心，没什么探究欲望，甚至对学习有抵触情绪，这就适得其反了。

所以，AI时代的学习能力，就是对问题的探究能力。家长可以教孩子如何找到问题信息、如何提出问题，又如何验证知识的真实性。这些方法比掌握单一技能更重要。教育的目的不是让孩子学会具体的内容，而是让他们学会如何学习。

情感连接与人际能力更为重要，AI无法教会孩子成为人

AI的崛起，让许多技术型工作变得更加高效，但情感连接和人际能力却愈发稀缺和珍贵。AI再强大，也无法真正替代人与人之间的情感交流、共情能力和合作能力。未来社会对情商的需求，将远远超过对技术熟练度的需求。

小诺的父母是科技行业的从业者，他们非常重视孩子的学习成绩和技能培养，却忽略了孩子的社交能力。小诺从小接触各种在线学习平台和AI工具，但她在与同学和老师的互动中总显得格格不入，不愿意主动沟通，也不知道如何表达自己的需求。

一次家长会上，小诺的老师向父母反馈："她的学习能力很强，但总有点不合群，在和同学交流、合作的时候，表现得被动，有时候显得有些孤僻。"这让小诺的父母开始反思，他们是不是不应该过多地强调学习，而忽略了孩子的情商？

家庭教育需要更多地关注孩子的"软技能"，比如沟通能力、共情能力和团队合作能力。父母需要通过日常互动和实际生活场景，帮助孩子发展这些AI无法替代的人类核心能力。

行动指南：如何应对AI时代的家庭教育变化

让孩子从接受答案转向提出问题

鼓励孩子在使用AI工具时，先自己思考解答问题的逻辑，再用AI验证或补充自己的答案。可以通过提问的方式来训练孩子的批判性思维，比如"为什么AI会给出这样的答案""还有其他可能的解决方案吗"。

帮助孩子建立自主学习的目标感

为孩子提供自由探索的机会，让他们在AI学习平台上选择感兴趣的主题，指导他们制订学习计划和目标。父母可以定期与孩子一起复盘学习过程，讨论他们的进步和挑战，从而培养孩子的自我管理能力。

鼓励孩子参与实际的社交活动

为孩子创造更多与人互动的机会，让他们参与团队运动、讨论型课堂或社区活动。通过这些实践，帮助孩子学会倾听他人、表达自己的观点，并且学会与同龄人融洽合作。

引导孩子关注长期发展的软能力

除了学术成绩，父母还需要帮助孩子培养情绪管理、抗

压能力和解决冲突的技巧。这些能力可以通过情景模拟、家庭讨论和问题解决活动来强化。比如，当孩子遇到挫折时，父母可以和孩子一起分析原因，并讨论如何改进，而不是直接提供解决方法。

与孩子一起探索使用AI的可能性

父母不需要害怕AI，这是未来技术的发展大势，可以把它作为与孩子共同学习的工具。比如，尝试用AI工具规划家庭旅行、设计手工作品，让孩子理解AI的能力和局限性，培养他们理性使用技术的态度。

培养孩子的AI信息辨别能力

在AI内容生成技术日益普及的今天，孩子接触到的信息可能混合着真实数据与算法编造的"虚拟内容"，培养信息辨别能力成为家庭教育的新课题。父母可以引导孩子建立"质疑—验证—整合"的思维链条：当孩子使用AI工具获取信息时，先鼓励他们提问"这个数据的来源可靠吗""是否存在主观倾向"，再通过查阅权威资料、对比多平台信息等方式验证真伪，最后学会整合多方观点形成独立判断。

怎样提前帮孩子找对职业方向

每位父母都希望孩子在未来的职业发展中走得顺利，但随着 AI 技术的迅猛发展，许多职业正在被重新定义，甚至被取代。AI 正在改变我们熟悉的职业格局，像会计、客服、基础程序员等重复性高的职业，正在被软件和算法逐步取代。

对父母来说，这意味着什么呢？这意味着我们不能再用过去的经验去规划孩子的未来，而是要提前了解 AI 对职业的深远影响，并帮助孩子找到适合他们天赋和兴趣的发展方向。

但问题是，父母如何在信息的洪流中找到准确的方向？如何避免盲目跟风报班、浪费孩子的时间？怎么给孩子的职业选择提供更有前瞻性的分析？这背后，信息差依然是最大的挑战。

聚焦不可替代性，哪些能力更有价值

AI 的强大之处在于它可以高效处理重复性任务，但它的局限性在于，它无法完全取代人类的创造力、情感连接力和复杂问题解决能力。所以，在职业选择上，父母最好帮助孩子关注那些不可替代的能力领域。像是涉及艺术、设计、写作、创意策划等领域，都是发挥创造力的领域。数据分析、科研、战略规划等，都需要用到高度复杂问题的解决能力，而心理咨询、教育、护理等，都是需要情感连接和高情商的职业。还有医疗、养老等，都是与人类生活息息相关、无法被AI替代的行业，也都是非常理想的选择。

关于孩子未来的职业选择，核心思路就是"哪些技能是AI不可替代的"。

小安的父母曾经面临类似的选择困惑。小安对写作特别感兴趣，经常自己写小故事，还在学校的作文比赛中获过奖。但她的父母却担心："未来AI能写文章，学写作还有用吗？是不是应该让她学编程？"

我告诉他们一个概念，AI可以生成内容，但无法生成真正原创的思想。写作的过程不仅是输出文字，更是表达创意、传递情感、影响他人，而这种深层次的创造力，是AI无法取代的。孩子通过练习写作，可以加深自己的思考和创造水平，并促进未来的专业学习，不应该一味打击说"这些都会被AI取代"。有些技能，表面看是会被AI替代的无用手段，但在练习过程中培养的能力才是最关键的。

最终，小安的父母选择支持她写作，还鼓励她结合写作与新媒体技术，探索更多的可能性。小安课余时间在网上经营了一个自己的新媒体账号，因为文笔幽默辛辣，写的又是学生身边的故事，得到了很多小粉丝的喜欢，有不少关注者。

很多父母在规划孩子的职业方向时，容易被焦虑裹挟，盲目跟风选择一些看似前景好的方向，比如编程或AI相关课程。但实际上，职业发展的核心竞争力并不在于掌握某项技术，而在于是否拥有不可替代的能力。父母需要从长期发展的视角出发，帮助孩子找到自己的独特优势，而不是一味追逐那些热门技能。

😊 提前开始职业探索，兴趣是职业方向的起点

许多家长认为，职业选择是孩子成年后才需要考虑的事情。但事实上，职业兴趣的萌芽早在孩子的童年时期就开始显现。如果父母能够在早期观察并引导孩子的兴趣点，职业探索的过程就可以自然且顺利地展开。

小希是一个9岁的男孩，他从小对解谜特别感兴趣，喜欢玩拼图、解锁谜题类的游戏，还经常拆家里的玩具车，研究里面的结构。他的父母觉得这些行为只是"玩闹"，并没有特别在意。

直到有一次，小希在学校的科技比赛中因设计了一个自动垃圾分类器获得了奖项，父母才意识到，小希这种对解谜和结构的兴趣，可能是他未来职业发展的潜在方向。

我建议小希的父母从几个方面入手，带他参加更多的科技类活动，比如机器人编程课程，或者多带他参观科技馆、工业设计展等地方，拓宽他的视野。如果有条件，为他提供更多动手实践的玩具，比如乐高、机械组装套件等。

这些尝试让小希的兴趣逐渐延展开，他不仅在学校的科技竞赛中屡获奖项，还开始对工程学产生了浓厚的兴趣。

很多父母在孩子的兴趣点上缺乏系统的观察和引导，认为"兴趣就是玩儿"。其实，孩子的兴趣是他们与世界连接的起点，往往隐藏着未来职业的线索。父母需要通过观察孩子的行为模式，找到他们的兴趣核心，并为他们创造更丰富的探索环境。

动态的职业观，需要终身学习能力

AI技术的迅猛发展，带来了一个重要启示——未来的职业发展将变得不可预测。许多今天热门的职业，可能在十年后消失；而一些现在还不存在的职业，可能在未来成为主流。这意味着，职业选择不再是一锤定音，而是一个需要不断学习和调整的动态过程。

我身边的女孩婷婷的经历，让人印象深刻。婷婷从小喜欢画画，高中时选择了艺术专业，但她发现传统的手绘技能在就业市场上的需求逐渐减少。于是，她在大学期间接触了数字艺术和UI设计，逐渐从传统绘画转向了设计领域。毕业后，她进入了一家互联网公司，负责用户界面设计，后来又通过自学掌握新技能，参与了公司AR/VR项目的视觉开发。

婷婷的成长轨迹告诉我们，职业发展的关键不在于某一时刻的选择，而在于是否具备终身学习的能力。父母在规划孩子职业方向时，不能仅仅关注某一项技能的实用性，而是要帮助孩子培养学习新知识、适应新环境的能力。

很多父母对职业的认识还停留在传统的稳定职业观念上，忽视了动态职业发展的趋势。AI技术的影响，让终身学习能力成为未来最重要的生存技能之一，动态职业观才能让孩子在充满变化的时代中始终保持竞争力。

行动指南：提前规划，帮孩子找对职业方向

聚焦不可替代的能力

帮助孩子发展创造力、复杂问题解决能力和情感连接能力等AI无法轻易取代的能力。不要一味追求热门技能，而是要通过多元化的学习活动，拓展孩子的综合能力。

带孩子体验真实的职业场景

通过带孩子参观科技馆、企业、职业展览等，让他们接触不同的职业世界。还可以通过亲子活动或线上资源，让孩子了解不同职业背后的实际工作内容，增强他们对职业的感知。

培养终身学习的习惯

帮助孩子建立好奇心和学习能力，让他们学会如何学习新技能、适应新环境。可以通过阅读、实践、项目合作等方式，让孩子感受到学习的乐趣和重要性。

为孩子提供多元选择，而非单一答案

别急着为孩子规划未来的道路。相反，为他们提供多种可能性，并鼓励他们自己探索和试错，让孩子从体验中找到最适合自己的方向。

妈妈邮筒里的信息偏差

信息差 2：

从小规划升学，教育白名单和研学的魔力

规划好语言类学习，提升孩子的隐形战力

在我接触的众多家长中，很多人都把"小升初"看作一场关于"分数"的较量，殊不知，语文和英语这两门语言类学科，才是长期拉开孩子能力差距的关键。以英语为例，新课标强调"听说读写联动"的语用能力，而语文阅读则需"眼到、口到、心到"的综合训练，这两门学科为孩子构建了跨学科理解的基石。

语言，是一切学科的底层逻辑。它不仅是传递知识的工具，更是思维发展的载体。无论是语文、英语、数学，还是物理、化学、历史等科目，都要落实到语言的理解和表达能力上。比如数学应用题需精准提取关键信息，科学实验报告依赖逻辑化表达，历史分析则要求批判性文本解读——这些高阶能力皆植根于语言素养。

在"小升初"这个关键节点，孩子的语言能力是决定他们能否顺利衔接初中知识，以及未来学习挑战的隐形战力。研究显示，语言能力强的学生更易建立"学习正循环"：精准理解提升课堂效率，流畅表达强化知识内化，进而形成学科自信。这种能力无法速成，需通过持续的情境化实践（如语文圈点批注、英语角色扮演）逐步沉淀，最终成为支撑终身学习的核心素养。

妈妈们在辅导孩子学习的过程中，容易忽视的一个关键领域，就是语言类学习的底层规划。语言需要长期学习、稳扎稳打，才能得到提升，绝不是临时抱佛脚就能出成果。要想让孩子稳步提升语言能力，就要在不同阶段科学布局，提前打好基础。

语言类学习决定升学竞争力

我们常说，语文是"万能学科"，但这并不是一句"鸡汤"，而是真实存在的跨学科影响力。孩子数学题不会做？很多时候是连题意都没读懂。英语听力跟不上？可能是词汇量和语感严重不足。科学题不会分析？也许是逻辑表达能力不够。作文写不出来？那是素材积累和表达能力双重欠缺。

语言能力，是孩子处理信息、理解问题和表达逻辑的底层工具。缺少语言能力，就像盖房子没有打地基，学习压力越大，越容易脑子混沌。

到了"小升初"阶段，尤其是各地公办或民办学校的入学考试中，语文和英语的题目越来越注重理解力、逻辑力和表达力，而非死记硬背。很多孩子数学满分，但语文或英语却很拉分。这些分差，不是靠临时突击能补回来的，而是长期语言学习习惯和能力需要改进提升的体现。

但很多妈妈到五年级才开始焦虑："孩子语文阅读跟不上，英语词汇严重不足，该怎么办？"可语言类学习的黄金窗口期，早就从一年级就开始了。

语言能力，不是靠突击，而是靠日积月累、循序渐进的积累。错过了关键阶段，后期再补，就会事倍功半。所以，打好语言类基础，受益不止三五年，忽视规划，后患无穷。

语文学习：从写字到表达，进行理解力的系统训练

孩子一年级刚入学时，许多家长都会让孩子每天围着课本上的生字打转，生怕孩子漏掉一个笔画，或者写错一个偏旁部首。但时间一长，问题就暴露出来了——孩子能写字，却写不出句子；能背课文，却不会写作文；能读文章，却抓不住重点。

其实，真正的语文能力，远不止于"把字写对，把课文背过"，它是一种综合的语言理解与表达能力，最重要的是以下三点。

1.阅读理解力：能看懂文章的内容，抓住中心思想，理解作者的情感意图。

2.文本分析力：能分清文章结构，掌握逻辑层次，体会情感色彩。

3.语言表达力：能清晰地组织语言，无论是讲述还是写作，都能有条理、有逻辑地输出自己的思考。

所以，语文不是背出来的，是读出来的，是理解出来的，是表达出来的。

我曾认识一个三年级的孩子，爱说话，会表达，字写得也很漂亮。但每次写作文的时候，他总是抓耳挠腮，看起来愁眉苦脸。孩子妈妈说："他明明词汇量挺大的，为什么写作文还是写不出来？"

我翻看了他的作文，发现他常常把作文写成流水账，没有结构，也没有主题。但我请他讲一讲最近开心的一件事，他滔滔不绝地说了5分钟，讲得绘声绘色。

我对孩子妈妈说："他不是不会表达，而是没有把'说'的能力变成'写'的能力。"我建议孩子从"讲故事"开始练习，让他把刚说完的内容用三句话写下来，再慢慢变成一段话，一篇文。一个学期后，他

的作文从"写不出"变得越来越有条理。

这就是很多家长容易忽略的地方，语文是表达能力的培养，而不是知识点的堆叠。如果只盯着考试题型，而不去培养孩子的语言逻辑、情感表达和思维能力，语文永远只能停留在表面。

语文学习的另一个重要方面就是培养孩子的阅读兴趣和习惯。家长可以为孩子创造一个舒适的阅读环境，比如在家中设置一个专门的阅读角，放上孩子喜欢的书籍和舒适的座椅。每天安排固定的阅读时间，比如睡前半小时，让孩子沉浸在书的世界里。同时，家长也可以和孩子一起阅读，分享彼此的阅读感受，这样不仅能增加亲子互动，还能让孩子感受到阅读的乐趣。通过长期的阅读积累，孩子的词汇量会自然增加，理解能力也会逐步提升，为语文学习打下坚实的基础。

英语学习：从词汇量到表达力，是语言思维的成长之路

相比语文，英语学习的问题则更具有"误导性"。很多家长在一开始就把目标定在"单词量"上，主要让孩子背单词、做题目，学习语法规则。但不久后他们发现，孩子虽然能默写出100个单词，可听不懂、开不了口也写不出句子，这正是英语学习中最典型的"会背不会用"现象。

有效的英语学习路径应该是这样的，先在早期建立语感，通过大量听力输入、原版绘本阅读，让孩子对英语产生"耳熟感"；中期构建阅读能力，让孩子能自主阅读英文分级读物，理解简单情节；后期提升写作与表达：能用英语清晰表达观点的能力，写出完整段落，进行简单对话。

会背单词不代表会用英语，能输出内容才是真正的能力。

有个妈妈曾带着她五年级的女儿来找我，说孩子词汇已经背了1000多个，但英语成绩始终不稳定，尤其是写作和听说部分总是拖后腿。孩子自己也很懊恼："我会的词都用不上。"

我让她读一篇简单的英语小故事，然后请她用自己的话复述，结果她支支吾吾地说不出几句完整句子。我告诉孩子妈妈："她缺的不是词汇，而是使用这些词汇的能力。我们要做的，是把记忆变成表达，把输入变成输出。"

所以，英语学习最怕"填鸭式输入，零输出练习"。孩子记得再多，如果不能用出来，也无法建立真正的语言能力。

英语学习不能只靠刷题和死记硬背，而要注重日常的语言环境和表达机会。比如每天听一段英文音频，练习用英语问候家人，坚持写英语小日记……这些看似琐碎的小事，才是语言能力成长的"肥沃土壤"。

除了日常的语言环境和表达机会，家长还可以通过一些有趣的方式激发孩子学习英语的兴趣。比如，利用英语动画片或电影，让孩子在观看的过程中学习英语。同时，可以和孩子一起进行角色扮演，用英语进行对话，这样不仅能提高孩子的口语能力，还能增强他们的自信心。此外，还可以鼓励孩子参加英语角或英语学习小组，和其他孩子一起交流学习心得，互相激励，共同进步。

持续提升孩子的语言能力，是培养他们的隐形战力。根据《2022—2025学年面向中小学生的全国性竞赛活动名单》（见表2-1），关于"人文综合素养类"的赛事有很多都涉及语言基础。孩子的语言能力得到提升，才能通过这些"白名单"竞赛，客观地展现自己的能力，真正让能力可以成为升学的"硬实力"，打开名校的大门。

表 2-1　2022—2025 学年面向中小学生的全国性竞赛活动名单

人文综合素养类			
序号	竞赛名称	主办单位	竞赛面向学段
1	全国青少年禁毒知识竞赛	中国禁毒基金会	小学、初中、高中、中专、职高
2	世界华人学生作文大赛	中华全国归国华侨联合会	高中
3	"外研社杯"全国中学生外语素养大赛	北京外国语大学	高中
4	"叶圣陶杯"全国中学生新作文大赛	中国当代文学研究会	高中
5	全国中学生科普科幻作文大赛	中国科普作家协会	高中、中专、职高
6	高中生创新能力大赛	中国老教授协会	高中
7	全国中学生创新作文大赛	中国写作学会	高中
8	"语文报杯·时代新人说"全国中学生征文大赛	中国语文报刊协会	高中、中专、职高
9	全国中学生环境保护优秀作文征集活动	中华环保联合会	高中、中专、职高
10	全国版图知识竞赛（中小学组）	自然资源部宣传教育中心	小学、初中、高中、中专、职高
11	全国青少年劳动技能与智能设计大赛	中国自动化学会	小学、初中、高中、中专、职高

行动指南：小学阶段语言类学习的分阶段规划

我与多位"海淀区妈妈"深入沟通后，拟定了这份小学阶段语言类学习的目标和任务清单，希望可以帮助您更清晰地规划孩子的语言学习路径，明确每个阶段该做什么，做到什么水平。

1—2年级：打兴趣基础，建立语感

语文：

1.每周阅读3本以上绘本，激发阅读兴趣，建立亲子共读习惯。

2.识字量达1500—1800个，能自主阅读短篇文章。

3.开始练习"看图说话"，尝试用完整句子描述画面或讲故事。

4.鼓励写简单日记（1—3句话），表达真实情感和日常观察。

5.培养"讲故事"的习惯，锻炼口头表达和语言组织能力。

英语：

1.听说启蒙为主，每天10分钟英文音频输入（自然拼读、儿歌、英文动画）。

2.英语词汇量目标：掌握100—200个生活高频词汇，以听懂和说出为主。

3.每周坚持阅读英文启蒙绘本，尤其是经典绘本。

4.鼓励用英语说日常简单句子，如打招呼、自我介绍、表达喜好。

5.引导孩子模仿英文儿歌或动画角色进行简单对话。

3—4年级：建理解力，初步输出

语文：

1.阅读内容从童话拓展到寓言、儿童文学、历史小故事。

2.掌握基本段落结构，能够写出3段式小作文（开头—过程—结尾）。

3.开始接触各类基础阅读理解题型，如信息提取、主旨判断。

4.积累好词好句，建立"写作素材本"或"读书笔记"。

5.鼓励孩子进行"读后复述"或"读后感"表达，提升语言条理性。

英语：

1.英语词汇量目标：累积至400个左右，覆盖常见动词、形容词、家庭与校园主题词。

2.开始阅读分级英文桥梁书系列。

3.尝试学习英语的新句型,并用新句型进行对话或写作。

4.进行听力的练习,让孩子开始听慢速的小故事、对话,并尝试跟读复述。

5.参与简单的英语口语对话练习,表达情绪、需求和意见。

5—6年级:强逻辑、强表达、应对升学

语文:

1.阅读内容拓展至名著节选、纪实文学、人物传记、历史故事等。

2.作文能力强化:结构完整,要做到有中心、有逻辑,还有细节描写。

3.阅读理解能力提升,能独立完成多段落文章的信息提取总结,语句赏析。

4.开始写不同文体作文(如写人、写景、记叙文、说明文、应用文)。

5.训练口头表达,在家庭中进行"观点表达"或"讲故事"练习,为小升初做准备。

英语：

1.英语词汇量目标：小学阶段累计达到800个核心词汇，具备简单的语言运用能力。

2.阅读理解能力：能独立阅读简单的英文小短文，理解主旨和细节，完成基础题目分析。

3.写作能力：能写完整的英文小短文，表达清晰，有结构（如三段式写作）。

4.听说能力：能听懂英语日常对话内容，参与简单的情景对话。

5.进行主题表达训练，如"My dream job""What I will do on holiday"等。

为什么高阶妈妈都在提前布局英语考级

前不久,我听到几位妈妈在讨论:"最近好多家长都在给孩子报 KET、PET,说是'小升初敲门砖',我有点慌了……英语不是学校都会教吗?真的有必要考吗?"

她的疑惑我听过太多次了。很多妈妈都在犹豫一个问题——到底要不要让孩子参加英语考级?是不是又一场"妈妈圈的焦虑"?

但如果你留意一下,就会发现一个趋势,现在越是认知高、规划早的妈妈,越早开始布局英语考级。她们不是盲目跟风,而是早就看清,英语能力已经不只是"小学成绩考多少"的问题,而是决定孩子升学路径、学习能力乃至未来竞争力的底层变量。

而英语考级,正是一个科学客观、标准清晰的硬性条件。

英语考级,考的是什么

在众多英语能力测评中,MSE剑桥通用五级考试(Cambridge English Qualifications)无疑是家长圈公认的"黄金路线"。MSE考试全称是"Cambridge Main Suite Exams",是由剑桥大学考试委员会授权的国际英语考试体系，被誉为全球英语学习能力的标尺，共分为五个等级。而在参加MSE考试之前，孩子一般会先跟着剑桥少儿英语CYLE（Cambridge English: Young Learners）进行学习。

所以，常见的英语考级进阶流程是这样的：

1.Starters/Movers/Flyers（剑桥少儿英语）——适合小学阶段。

2.KET（Key English Test）——入门级实用英语，适合小学高年级，能达到初中水平。

3.PET（Preliminary English Test）——中级英语水平，适合初中初期，能达到中考水平。

4.FCE/CAE/CPE——更高阶段的英语能力认证，适合高中及以上，达到高考/四级及以上水平。

其中，KET、PET被广泛称为"小升初敲门砖"。如果想让孩子通过国际初中或一线城市部分名校的入学考试，有KET或PET的证书，是一个加分的硬指标。

KET/PET为什么成为"小升初"英语竞争的分水岭

很多家长以为考级只是多一个证书，但在升学竞争中，KET/PET的含金量远超你的想象。

KET/PET是全真语言能力测评，听说读写全面考察，强调实用英语能力。通过考试，不仅意味着孩子"考出水平"，更代表孩子掌握了系统的语言能力结构。

这和学校考试不同，不能靠死记硬背、题海战术，一定要靠真实的听说读写能力。

许多民办、公办特色学校在小升初招生中，明面上不要求英语证书，但家长们都知道，"有没有考过KET/PET"，往往是简历筛选、面试优先录取的重要参考项。

尤其是优质民办学校、国际部、双语班，甚至在入学前就默契地把KET/PET成绩放在简历最上面。

我接触过的北京顺义区的一个家长，孩子五年级时考了KET优秀、六年级考出PET良好，最终顺利进入某知名双语学校。面试老师直接说："你这孩子的语言基础已经很扎实了，我们放心。"

考出KET/PET，不仅是升学的"门票"，更是未来英语学习的"底气"。你会发现，孩子会更早建立英语逻辑思维，能无障碍阅读英文原版书，提前适应听说读写一体化考试。这样的能力，在进入初中后，英语几乎可以"开挂"，为其他科目留出更多精力。

越早开始准备，孩子越轻松。很多孩子到六年级才匆忙备考，结果手忙脚乱、压力巨大，反而影响正常学习节奏。这不是为"跟别人比"而考，而是为孩子的能力成长和未来路径提前布局。

其实，提前布局英语考级的好处不仅体现在升学竞争上，对孩子自身的学习动力和自信心也有很大的提升。我见过不少孩子在通过KET或PET考试后，明显变得更加自信，学习英语的兴趣也更浓厚了。他们不再把英语当作一门枯燥的学科，而是把它看作一种可以用来交流和表达的工具。而且，考级的过程也是一个系统学习英语的过程，孩子会接触到更广泛的知识和更丰富的语言应用场景。比如，在备考KET时，孩子需要学习如何写简单的邮件、便条，如何在日常生活中用英语交流，这些实用的技能会让孩子感受到英语的实际价值，从而更加主动地去学习。

行动指南：从1年级启蒙到PET高分，一步步扎实走

不是所有孩子都必须考级，但每一个具备语言能力的孩子，都值得拥有一条系统、科学的成长路径。

1年级：英语启蒙期，兴趣先行、语感为本

1.重点目标：建立语感，激发兴趣，积累基础词汇。

2.词汇量目标：400个左右。

3.语音启蒙：自然拼读＋基础音标，打好发音基础。

4.输入为主：观看趣味英文动画，听英文儿歌或分级故事音频。

5.初步输出：模仿常用句型，进行口头表达。

6.亲子共读：每天10分钟英文绘本阅读，建立英文语感。

2年级：输入升级，初步阅读与表达

1.重点目标：培养基本阅读习惯，提升听说表达能力。

2.词汇量目标：600个左右。

3.继续强化自然拼读，开始拼读简单英文单词。

4.阅读英文绘本或图画故事书，尝试独立阅读，回答简

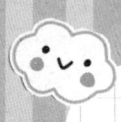

单问题。

5.听力训练：每天10—15分钟英文音频输入，理解力提升。

6.口语训练：进行"看图说话""角色扮演"等表达练习。

7.家庭互动：用英语描述日常物品和情绪等。

3年级：启动KET备考，打下语言能力基础

1.重点目标：进入系统学习阶段，建立语法体系，加强阅读写作。

2.词汇量目标：1500个左右。

3.开始系统学习KET考试所需语法：一般现在时、进行时、将来时、过去时、形容词比较级、最高级、if条件句等。

4.阅读训练：每天20分钟英文阅读，接触短篇文章或桥梁书。

5.听力训练：听KET真题或模拟音频，适应语速与题型。

6.写作训练：模仿写句子，尝试写25个单词左右的邮件、看图说话。

7.口语练习：能进行基础自我介绍，描述日常生活。

4年级：KET正式冲刺，全面提升听说读写

1.重点目标：KET能力达标或优秀，全面提升考试技巧和实战能力。

2.词汇量目标：2000个左右（KET官方建议）。

3.语法要求：掌握KET所有考试语法点，如名词所有格、非谓语动词、定语从句、现在完成时等。

4.阅读篇幅目标：250词左右。

5.写作训练：邮件写作25词，看图写作35词，能够描述场景，表达情绪。

6.口语目标：流畅完成自我介绍，能谈论日常话题，如"今天做了什么""最喜欢的食物是什么"。

7.备考节奏：开始做KET真题或官方备考教材，每周1—2套练习，查漏补缺。

5年级：启动PET备考，语言能力跨越式提升

1.重点目标：过渡到中级英语阶段，PET备考全面展开。

2.词汇量目标：3500个左右。

3.语法要求：掌握PET必备语法点：宾语从句、虚拟语气、过去完成时、条件句、定语从句等。

4.阅读能力：理解篇幅450—600词短文，能抓主旨，也能理解细节。

5.写作训练：能写出结构完整的短文，词汇丰富，句式多样（目标100词左右）。

6.口语能力：能流畅表达观点，也能使用一些较复杂句型和情感表达。

7.建议阶段备考时间：不少于6个月。

6年级：PET冲刺阶段，查漏补缺，全面提升实战能力

1.重点目标：PET保底通过或冲刺高分，英语能力稳固衔接初中。

2.词汇量目标：巩固在3500—5000个之间，强化记忆与运用（PET官方建议）。

3.阅读训练：每周阅读2—3篇PET难度短文，提升阅读速度与理解深度。

4.写作提升：能写出结构清晰、有逻辑的短文，熟练使用连接词与观点表达句型。

5.听力训练：精听和泛听结合，提升信息获取能力。

6.口语提升：进行模拟面试训练，能表达个人观点、情绪、建议等。练习角色扮演、观点辩论等高阶口语形式。

7.每周完成2—3套PET真题或模拟题，进行错题分析与专项突破。

艺体特长这样规划，从兴趣班蜕变出价值

在我接触的家庭教育咨询中，"艺体特长"几乎是每个家长都会触碰的领域。从小班美术到钢琴启蒙，从舞蹈班到足球训练，热热闹闹地上了很多课，可几年之后回头一看，却发现孩子的特长之路模糊不清，兴趣不稳定、技能不扎实，孩子也缺乏热情。

问题出在哪儿？其实并不是孩子学得太多，而是缺乏清晰的规划。没有目标地上课，孩子无法形成真正的能力积累，没有阶段性的调整，兴趣也容易被消磨。而且，缺乏价值感的素质培养，孩子自然不会坚持。

不是兴趣班没用，而是没有让兴趣"生根发芽"。真正有价值的艺体特长发展，靠的是有意识的布局、观察、筛选、坚持，逐步从兴趣走向能力，从能力走向表达，从表达走向创造。

每次和家长们聊起孩子的艺体特长，我都能感受到他们的纠结。一方面，大家都希望孩子能多才多艺，毕竟在竞争激烈的社会里，多一项特长就多一份竞争力；另一方面，又担心孩子学得太多太杂，最后什么都没学好。我见过不少家长，一开始热情满满地给孩子报了各种兴趣班，孩子也学得热火朝天，但没过多久，新鲜感一过，孩子就开始抱怨"不想学了"。这时候，家长就慌了，不知道是该坚持还是放弃。其实，

这时候最需要的就是停下来，好好规划一下孩子的特长发展路径，而不是盲目地跟着兴趣班的节奏走。

兴趣班不等于特长，价值从来都不靠"学了多少"来定

很多家长一开始的出发点是对的，让孩子多尝试，感受不同领域的艺术和体育活动，发现自己的喜好。

但问题在于，"试"完之后怎么办？是浅尝辄止地不断更换，还是深入投入地坚持下去？

我曾接触过两个孩子，分别从一年级开始学画画。一个孩子每年换老师、换风格，家长也只是随心所欲地安排。另一个孩子则坚持在一个专业体系下学素描、水粉、创意表达，从三年级开始参加儿童美术展，五年级获得市级奖项。

两人起点一样，但五年后，一个"还在学"，一个"已经能教别人"。差距不在有没有兴趣，而在有没有规划。兴趣只是起点，坚持和规划，才是通往特长的桥梁。

高阶父母如何让艺体特长"生根发芽"？

有远见的父母在孩子的艺体规划上，往往有三种思维。

第一种，要懂得观察和等待，而不是着急选定。在孩子低年级阶段，他们不会急于让孩子选定某一项"主项"，而是通过参加各种活动、营地、体验课，观察孩子在哪些活动中更专注，表现更好，找到孩子的兴趣和特长点。

我就认识一位妈妈，她的儿子从一年级开始接触街舞、篮球、打击乐、绘画，二年级时参加了一次校园打击乐表演，孩子兴奋得一晚上没睡好。她意识到，这就是孩子的热爱所在。于是从三年级开始规划系统学习打击乐，如今孩子已经是校艺术团的主力鼓手。

第二种，他们会确定方向和深耕，而不是多项撒网。尤其是到了三四年级，孩子的兴趣和性格逐渐稳定，懂规划的父母会从之前的"广撒网"过渡到"深耕"阶段，选择1—2项孩子真正喜欢也具备潜力的方向，制定每周练习计划、有节奏地输出作品。

不是所有兴趣都值得坚持，但一定要把值得的那一个坚持下去。

第三种，他们注重表达和创造能力的培养，而不是只局限在考试或刷级上面。

到了五六年级，真正的特长不仅体现在"技能掌握"，更体现在表达能力和创造能力上。有远见的父母会鼓励孩子参加比赛，发挥创作能力和想象力，不断拓宽视野，让孩子在"输出"和"获得"中积累成就感，而不仅仅用考了几级来衡量孩子的兴趣。只有保留孩子内心的热爱和创造力，他们才能将兴趣转化为真正的特长。

除了这三种思维，高阶父母还会注重特长与孩子个性的结合。比如，有些孩子性格内向，但通过学习绘画或乐器，能够找到表达自我的方式；有些孩子活泼好动，足球或舞蹈可能是他们释放能量、培养团队精神的好选择。特长规划不仅是技能的培养，更是孩子个性发展的助力。同时，父母还会关注特长对孩子未来可能带来的机会，比如艺术特长生的升学优势、体育特长带来的健康体魄和坚韧精神。这些长远的考量，让艺体特长真正成为孩子成长中的重要资产，而不仅仅是童年的一段经历。

行动指南：艺体特长这样规划，才能沉淀为孩子的能力

为了帮助家长更清晰地把握每个阶段的重点，我将艺体特长发展分为三个关键阶段，帮助孩子从"兴趣"走向"能力"，从"尝试"走向"表达"。

1—2年级：多尝试、多观察，激发兴趣

让孩子广泛尝试各类艺术和体育活动，如舞蹈、绘画、器乐、戏剧、足球、游泳等。可以选择以"体验为主"的兴趣班，注重趣味性、安全性、互动性。

也可以参加学校或社区组织的节日演出、公开课、亲子运动会等活动，观察孩子在哪些场景中更投入。在过程中，家长要多陪伴，倾听孩子的感受，记录孩子的兴趣变化与表现亮点。

阶段目标：发现孩子的"眼神发亮点"，不着急定方向，但要有意识地观察和记录。

3—4年级：定方向、建基础，开始系统学习

根据孩子的兴趣和表现，明确1—2项重点艺术或体育方向，然后报读专业机构课程或参加学校社团，建立系统学

习路径。这一阶段要有意识地制定每周训练计划，设定阶段性小目标（如完成一幅作品、学会一首曲子）。

可以多鼓励孩子参与校内外展示平台（如艺术节、社团汇报演出、绘画展等），开始培养作品输出的意识，也要鼓励孩子记录练习过程、讲述创作灵感。

阶段目标：从"兴趣参与者"过渡为"技能学习者"，开始积累作品，建立表达意识。

5—6年级：冲刺提升、表达创造，形成个人特长

这一阶段，要每周固定时间进行高质量练习，强化技能深度，并鼓励孩子开始参加专业等级考试（如舞蹈、钢琴、美术考级等），积累证书与作品成果。鼓励孩子参加市级、省级比赛或展示活动，提升自信与赛场经验。如果是艺术类的特长，引导孩子进行原创创作，如画自己的主题作品、写小剧本、编舞、改编音乐等。

也要结合升学规划，整理特长简历、作品集，为小升初面试或简历加分做准备。

阶段目标：以作品、比赛成果、等级考试等相结合，形成完整特长路径。可以参加《2022—2025学年面向中小学生的全国性竞赛活动名单》（见表2-2）中规定的"艺术体育类"相关全国性竞赛活动，含金量更高，更有指导意义。

表 2-2　2022—2025 学年面向中小学生的全国性竞赛活动名单

艺术体育类			
序号	竞赛名称	主办单位	竞赛面向学段
1	全国中小学生绘画书法作品比赛	中国儿童中心	小学、初中、高中、中专、职高
2	"我爱祖国海疆"全国青少年航海模型教育竞赛	中国航海模型运动协会	小学、初中、高中、中专、职高
3	"驾驭未来"全国青少年车辆模型教育竞赛	中国车辆模型运动协会	小学、初中、高中、中专、职高
4	全国青少年模拟飞行锦标赛	国家体育总局航空无线电模型运动管理中心	小学、初中、高中、中专、职高
5	"飞向北京·飞向太空"全国青少年航空航天模型教育竞赛活动	中国航空运动协会	小学、初中、高中、中专、职高
6	全国青少年传统体育项目比赛	中国青少年宫协会	小学、初中、高中
7	"希望颂"——全国青少年书画艺术大展	中国国际书画艺术研究会	小学、初中、高中、中专、职高

有远见的妈妈，悄悄布局科技特长

自2015年起，国家逐步推进"科技特长生"招生政策，目的是选拔具备创新潜质、科技素养和实践能力的学生，为国家的科技发展储备人才。

科技特长生，指的是在编程、机器人、科创、航模、天文等科技领域中，具备一定创新能力，并在专业比赛中表现优异的学生。这个群体的价值，正越来越受到重点中学和高校的青睐。

你看到的兴趣，很可能就是孩子未来的竞争力，"科技特长生"已经成为一条越来越重要的升学路径。

从兴趣苗头到升学通道，科技特长让孩子"看见未来"

不久前，我接待了一位四年级男孩的妈妈林女士。她跟我说："我家孩子很宅，平时不爱说话，但一拿起电脑折腾编程软件，那眼神都亮了。别人家孩子在踢球、学钢琴，他却能一坐就是两小时，做小机器人、写小游戏，我该不该支持他走专业路线啊？"

我没有马上回答她，而是请她给我看孩子做的项目。那是一个小小的自动贩卖机模型，外壳是用乐高搭的，内部用简单的Python控制逻辑判断投币、出货。我看完之后，给她讲了另一个孩子的故事。

这个孩子在三年级时开始接触Scratch，四年级用Python做了学校的一个"智能校门"模拟项目，五年级参加CSP-J/S编程比赛获奖，顺利进入重点初中。到了初中，他参加信息学奥赛，最终在高一时拿下省级比赛一等奖，获得重点高中强基计划资格。

我告诉林女士："你家孩子的兴趣，已经不是'玩一玩'的程度了，而是具备了深度发展的潜力。如果你能从现在开始规划科技特长路线，他的升学路径会比别人更宽。"

她眼里闪过一丝惊喜，坚定地点了点头。

像林女士这样的家长并不少见。很多家长看到孩子对科技的兴趣，但又不知道该如何引导和支持。有的家长觉得孩子只是一时兴起，却未意识到这背后隐藏的孩子的巨大潜力。有的家长则担心孩子走科技特长路线是否太难，会不会影响学习成绩。其实，科技特长并不意味着孩子要放弃其他学科，而是让孩子在感兴趣的领域中找到自身优势，培养综合素质。如果家长能够为孩子提供合适的资源和指导，孩子不仅能在科技领域取得成就，还能在学习过程中培养逻辑思维、创新能力、解决问题的能力等，这些能力将对孩子未来的学习和生活产生深远的影响。

科技特长生的升学优势有多大？

如果你以为科技特长只是"加分项"，那你可能还没看到它在升学中的"硬实力"。

很多重点初中在综合素质评价中，非常看重科技类奖项，特别是信息学、机器人、创客等领域的省级以上比赛成绩，能为简历增色不少，甚至成为破格录取的重要依据。科技赛事获奖，可成"名校敲门砖"。

到了孩子初中阶段，还可以继续走"科技特长生"路径。各地重点高中每年都会通过"科技特长生"渠道提前招生。只要学生在市级、省级科技竞赛中表现优秀，即可获得提前面试或预录取资格。

如果备战高考阶段，部分科技特长还能有助于孩子考上好大学。比如，全国中学生信息学奥林匹克竞赛（NOI）就是含金量极高的赛事，获得银牌即可破格进入"强基计划"，获得金牌并进入国家集训队，可直接保送清华、北大等顶尖高校。

在一些学校的自主招生和综合评价招生中，学生的科技项目经历、创新成果等也会被重点考量。比如，有的孩子通过参加科技创新大赛，设计出具有应用价值的项目，如智能垃圾分类系统等，不仅能展示孩子的动手能力和创新思维，还能在招生过程中为孩子加分。我曾见过一个孩子，他因为在机器人编程方面的出色表现，被一所重点高中提前录取，并获得了该校的科技创新奖学金。这不仅为他减轻了家庭经济负担，还让他在高中的学习中有了更多的资源和发展空间。

除此之外，它对孩子的综合能力提升有着深远影响。比如，编程、科创比赛可以训练孩子的问题解决能力和系统思维；从机器人搭建到航模飞行，孩子能在"做中学"，提升动手能力；科技竞赛往往涉及AI、自动化、天文观测等前沿领域，提升孩子的科技素养；绝大多数科技项目需要团队配合、汇报展示，能锻炼沟通与协作……

所以，如果你的孩子对动手操作、搭建、编程有强烈兴趣，展现出较强的逻辑思维能力，喜欢钻研、拆解、解决问题，有较强的学习能力和自我驱动，自愿投入时间练习，就可以引导孩子走培养科技特长之路。

行动指南：科技特长赛道怎么规划？

根据经验，我们将科技特长分为六大赛道，并按阶段整理出科学的培养路径（见表2-3），供妈妈们参考。

1—2年级：激发兴趣，注重体验

尝试图形化编程（Scratch）、机器人积木搭建；带领孩子参加STEAM活动营、科技节、少儿科学实验课程；多带孩子参观科技馆、机器人展、航天主题活动；观察孩子是否对技术类内容表现出持续兴趣。

3—4年级：初步定项，系统学习

正式学习Python或机器人VEX基础；选择1—2个重点赛道开始深入学习，可参加地方科技比赛、校内科技节、初级编程挑战；开始理解项目制学习与任务驱动型竞赛。

5—6年级：明确方向，冲刺比赛

编程类学生学习C++、数据结构、算法；每学期设置1—2个比赛目标（如CSP-J/S、机器人赛、科创项目评比）；参与市级、省级赛事，积累奖项与经验；建立个人作品集、项目展示文档、答辩材料，为升学准备科技特长生申报材料。

表 2-3　科技特长类赛道规划表

赛道	学段建议	代表项目/方向	对应赛事目标路径
编程	1—2年级：Scratch 3—4年级：Python 5—6年级：C++	图形化编程、文本编程、算法训练	CSP-J/S、NOI（信息学奥赛）、蓝桥杯全国软件和信息技术专业人才大赛、全国中学生信息学奥林匹克竞赛
科创	3年级及以上	科学实验、课题研究、工程创新	全国青少年科技创新大赛、全国师生信息素养提升实践活动、宋庆龄少年儿童发明奖、全国青年科普创新实验暨作品大赛、全国青少年科技教育成果展示大赛、全球发明大会中国区
机器人	3年级及以上	VEX、FTC、FRC、单项赛事	世界机器人大会青少年机器人设计与信息素养大赛、全国青少年人工智能创新挑战赛
天文观测	5年级及以上	天文地理观测、论文写作、项目研究	全国中学生天文知识竞赛
三模一电	4年级及以上	航空航天模型、航海模型、车辆模型、无线电	全国青少年航天创新大赛、全国青少年无人机大赛等、"我爱祖国海疆"全国青少年航海模型教育竞赛、"驾驭未来"全国青少年车辆模型教育竞赛、"飞向北京·飞向太空"全国青少年航空航天模型教育竞赛活动

续表

赛道	学段建议	代表项目/方向	对应赛事目标路径
智能控制	5年级及以上	单片机、嵌入式、现场编程	全国青少年劳动技能与智能设计大赛等、中国"芯"助力中国梦——全国青少年通信科技创新大赛
生物环保	5年级及以上	环保、化学与环境；生物工程，地球与空间科学	"地球小博士"全国地理科普知识大赛（高中）、全国版图知识竞赛（中小学组）、全国中学生水科技发明比赛、全国中学生地球科学奥林匹克竞赛（高中）

数学能力怎么培养？竞赛型规划拉开关键差距

很多家长对数学的理解，还停留在如何提升孩子成绩的阶段，而忽略了是什么在影响孩子的数学能力。他能不能理解复杂问题？能不能讲清楚思路？能不能找到更简洁的解题方法？解决这些问题，才是提升数学能力的基础。

这不是一时的冲刺能练出来的，而是从小学阶段就开始积累的思维。所以，如果你希望孩子未来在升学竞争中有"关键突破点"，请记住，数理思维的培养越早越好，早规划才能拉开决定性的差距。

小学阶段，数学到底该怎么学？

很多家长一提到"孩子学数学"，脑海里浮现的画面就是做题、刷题、练题……

但你有没有发现，有些孩子从小数学成绩都不错，却一到高年级就平平无奇，遇到难题就"卡壳"。有些孩子在课上学得很快，但解题思路却僵化，跳不出框架，一遇到题型变化就摸不着头脑。也有些孩子平时不刷题，一开口却逻辑清晰，思维敏捷，考试也不差。

为什么差别这么大？这是因为，数学能力的核心不是"会做题"，而是培养数理思维。真正学好数学的孩子，从来不是靠题海战术，而是在小学阶段就打下了这几块"底层能力"的基石。

1.培养抽象思维：能从具体问题中提取数量关系、逻辑关系，是学代数和几何的前提。

2.建立空间想象：能在脑中旋转图形、想象变化，是几何、立体图形的基础。

3.有数字敏感度：能对数字变化有敏感度，能归纳规律、总结方法，而不是死记公式。

4.分析与建模能力：能把生活中的问题"翻译"为数学模型，用数学语言表达现实情境。

我的亲戚家有一个三年级的孩子，家长一开始担心他算数太慢了，会不会影响数学学习。但相处一段时间后我发现，他虽然运算速度不快，却特别擅长"讲道理"，每次做题都能说出思路，甚至能举生活中的例子来解释。

我告诉家长，这孩子不是慢，是"想得深"。这种孩子，只要引导得当，到了高年级会有爆发式的成长。

小学阶段学数学，拼的不是算得快，而是思维的深度和广度。

其实，这种思维能力的培养并不难，关键是要在生活中引导孩子多思考。比如，带孩子去超市购物时，可以让孩子帮忙计算总价，或者比较不同品牌商品的价格，培养他们的数字敏感度。在家中，也可以通过拼图、搭积木等游戏，锻炼孩子的空间想象力。我见过一个孩子，他妈妈经常带他去公园观察建筑的形状，让他在纸上画出自己想象中的建筑图形，后来这个孩子在几何学习上表现得特别出色。这些看似平常的小事，其实都是在为孩子的数学思维打基础，而这种基础会在未来的学习中发挥巨大的作用。

奥数不是拔高训练，小学阶段就可以布局

很多家长一听"奥数"，就条件反射地说："我们不走竞赛路线，不学奥数。"或者觉得，孩子到了初高中再考虑也不晚，小学阶段不用压力这么大。

但其实，培养孩子学奥数，不是为了比赛，而是为了更高阶的思维训练。它训练的是孩子在常规课堂之外，对数学世界的深层理解和结构化思考能力。

为什么奥数会成为学霸成长路径？奥数训练构建的是数学世界的高楼，而不是简单的考试技巧的堆砌。奥数中的板块远超教材难度，却能极大激发孩子的思维潜能。这类训练，能让孩子在中学阶段轻松应对"竞赛数学""拓展题型"，甚至参加后续的全国初中数学联合竞赛、全国中学生数学奥林匹克竞赛。

奥数路线还能为升学打开通道，在小升初阶段，重点民办学校、双语学校或顶尖的公立中学，很多都看重孩子的数学能力，能有市级、区级奥数奖项是简历加分项。

早点学奥数，也是为未来升学布局。高中能在全国中学生数学奥林匹克竞赛获得省级一等奖及以上，就有机会参与清北强基计划，被名校破格录取或保送。

培养孩子参加奥数比赛，不是为了赢，而是让孩子拥有未来应对数学挑战的思维能力。

行动指南：从基础能力到竞赛思维，这样分阶段规划更高效

为了让家长更清晰地知道"什么时候该做什么"，我们将行动指南分为两个部分。

第一部分：小学数学能力的六步培养路径（1—4年级）

阶段	培养重点	推荐活动及方式
1—2年级	建立数学敏感度与兴趣	数独游戏、阅读数学绘本、生活中的数学游戏（购物、测量等）
2—3年级	初步逻辑训练	图形拼搭、简单逻辑推理题、找规律游戏
3年级中段	空间与图形理解	折纸、立体图形拼搭、镜像与对称练习
3年级下—4年级	建立抽象思维	简单方程引入、几何推理、数表归纳规律
4年级后期	解题策略培养	多步骤问题拆解、逆向思考训练
全阶段	强化表达能力	每次做题都鼓励"说清楚思路"，写出"为什么这样做"

第二部分：奥数前期培训计划（适合3—6年级）

年级	目标定位	训练建议	推荐赛事
3年级	接触奥数概念	学习趣味数学、图形推理、基础数论	数学解题能力展示（迎春杯）、走进美妙的数学花园（走美杯）
4年级	建立奥数体系	系统学习奥数初级模块，掌握解题方法	数学解题能力展示（迎春杯）、走进美妙的数学花园（走美杯）、希望杯全国数学邀请赛
5年级	进阶训练	深入学习数论、几何、代数、应用题	"华罗庚金杯"少年数学邀请赛、数学解题能力展示（迎春杯）、希望杯全国数学邀请赛
6年级	实战准备	做真题、模拟赛、强化策略与速度	"华罗庚金杯"少年数学邀请赛、数学解题能力展示（迎春杯）、希望杯全国数学邀请赛、各地小升初数学面试模拟赛

提前入场，为"物、化、生、地"打好底子

很多孩子不是不聪明，而是没准备好就被推上了初中战场，很多家长不是不重视，而是误把新学科当副科，错过了关键打底期。

如果你希望孩子在初中不慌不乱、步步为营，就请从小学高年级开始，提前一点认知、早一点铺路、深一点打底。

而你的一次提前布局，可能就是他未来三年不慌不乱的底气。

一进初中就掉队？往往是"认知准备"没做好

"孩子上小学的时候成绩一直不错，怎么一上初中，就开始跟不上物理和化学了？"我常听到这种焦虑的声音。

尤其是刚进入初中时，面对物理、化学、生物、地理这些"新学科"，不少孩子一开始就"懵了"。他们不是不聪明，也不是不努力，而是没有打好学科认知的底子，导致一入场就听不懂，自然跟不上。

小学更多是以语、数、英为核心，知识内容偏感性、直观，强调基础技能训练。而到了初中，学科数量增加、内容深度加大、抽象性增强，学习方式从"记住"转向"理解"与"应用"。

尤其像物理、化学这类学科，刚一接触就涉及公式、实验、模型推理等，如果孩子没有经过科学的学科认知过渡，很容易产生心理落差，又缺乏赶上去的经验和思路。所以不是初中学科难，而是孩子的大脑还没准备好去理解"科学"怎么学。

物化生地不是"副科"，一定要重视

很多家长误以为这些学科是"副科"，可能不如语、数、英那么重要。但你可能还没意识到，这些新科目，恰恰是拉开孩子学习能力差距的关键节点。

物理是逻辑思维与建模能力的集中体现，它几乎是初中最难的学科之一，需要孩子具备抽象思维、空间想象、公式理解与应用能力。很多孩子"第一次觉得自己不聪明"，就是在物理课堂上。

学化学，需要面临系统记忆和理解转化的"双挑战"。不仅要记忆元素、反应式，更要理解物质变化背后的逻辑关系。如果孩子没有"模型思维"和"实验思维"，学起来会非常吃力。

生物是逻辑型阅读与信息整合的训练，看似简单，实则是非常考验阅读理解力和信息提取能力的学科，是很多孩子"以为会，结果错"的高频错误区。

地理需要孩子掌握空间思维与图像解读能力，并不只是"背地图"那么简单。它考察孩子对空间结构、因果关系的理解，很多孩子地图读不懂、图像分析不会，成绩自然上不去。

与其等孩子开学感到吃力，不如在小学高年级就提前为这些学科打下认知底子，帮助他们培养基础的学科思维。

行动指南：提前做好初中学习准备

从生活中的科学现象，进行物理概念启蒙

引导孩子，多观察身边的力、运动、声音、光、电现象；培养"量"的概念，如速度、功率、电流等；玩科学实验套装、做小测量项目，建立物理思维。

从材料认知到物质变化，开始学化学

认识生活中的化学物质（盐、糖、酒精、清洁剂等）。做简易实验，比如醋和小苏打反应、铁生锈过程等，然后引导孩子提问："为什么会产生气泡？""为什么铁会变色？"

生物打底，通过观察分类，建立系统认知

让孩子学会观察动植物生长过程，了解人体结构。可以在课余时间阅读图文并茂的科普读物，提前建立兴趣。

从地图认知开始学地理

亲子一起看地图、地球仪，玩"找城市"游戏。进一步引导孩子理解"地形—气候—人类活动"的关系。可以和孩子一起看优秀的地理纪录片，如《航拍中国》《地球脉动》等。

研学！孩子升学过渡的"助推器"

研学不是升学的"快捷键"，也不是成绩的"加分项"，但它可能是孩子在成长路上更早打开视野、适应变化的重要一步。它教孩子如何从书本走进现实，从知识走向应用，从课堂走向更大的世界。

研学的作用不是"学到了什么知识"，而是"看到了什么可能性"。所以，与其纠结"研学有没有用"，不如思考我们希望孩子在小学阶段，除了会考试，还能多一份怎样的能力？

为什么越来越多家长愿意让孩子参加研学

最近有位妈妈问我："身边好多家长都在给孩子报研学，说是对小升初有帮助。但我看政策上又说研学和录取没直接关系，那到底值不值得参加？"

她的困惑，其实代表了不少家长的心声。确实，按照目前政策，研学活动与小升初录取无直接挂钩，也不是升学评价的"硬指标"。但这并不意味着它没用。很多时候，研学的真正价值，在于能不能"加力"。

研学不是升学捷径，而是成长助力。尤其对即将进入初中的孩子来说，研学所带来的认知刺激、心理适应和能力体验，都是书本之外极为重要的成长"助推器"。小升初不仅是学段的过渡,更是学习方式、心理状态、社会交往的全面升级。而这些,恰恰是研学能够提前帮助孩子触碰和适应的领域。

研学,如何为孩子的"初中过渡"打好提前量

在小升初的综合素质准备中,研学的确可以发挥关键作用。

比如,很多小学生升入初中后,会经历一段"适应焦虑期",因为课程难度加大、老师教学节奏快、作业量显著提升、科目增多……这些变化让不少孩子措手不及。

而一些有前瞻性的研学项目,会设置"初中课程体验""模拟课堂""学科兴趣探索"等环节,让孩子提前感受初中课堂氛围,心理上不慌,节奏上不乱。

某地的研学项目安排了一次"初中物理体验课",孩子们在参观完校园后,又在老师引导下用杠杆原理在实验室做实验。回到家,家长惊讶地发现孩子不仅记住了原理,还主动查资料了解了更多物理知识。这种"先体验、再学习"的方式,让孩子对新学科产生了兴趣,也减轻了未知带来的焦虑。

虽然研学成果不是升学的直接考核依据,但在一些地区,研学活动的表现可能被纳入综合素质档案,作为录取的参考因素之一。

哪怕不计入成绩,一个主动参与、积极表达、善于团队合作的孩子,在综合评价中总是更受欢迎。而这些能力,正是研学中通过项目实践、任务协作、成果展示等方式不断培养的。

研学不是升学"敲门砖",但可能是孩子"跨门槛"的助跑器。

行动指南：如何科学规划孩子的小学阶段研学体验

为了让研学真正发挥作用，而不是走马观花式旅游，家长需要有意识地为孩子制定研学参与策略。

精准筛选研学项目，避开"伪研学"陷阱

评估维度	关键指标	避坑提示
主办方资质	教育局备案机构/学校自营/旅行社外包	查备案号，拒绝无教育资质的"旅游团"
课程设计占比	学习时长≥总时长60%，明确学科目标（如总结实验报告）	警惕"名校打卡1小时+购物2小时"这类行程
师生配比	1:8到1:15为佳	文化和旅游部《研学旅游服务要求》，师生比超过1:20存在安全隐患与指导不足风险
往期成果展示	提供学员作品集/实践报告样本	无成果记录的慎选

根据年龄阶段，选择不同类型的研学

拒绝纯观光型的"名校打卡"或商业经典一日游，让孩子能在研学中真正学到有价值的知识，扩展视野，才是优质的研学。

阶段	方向	建议活动	培养能力
1—4年级	自然类	农场体验、小小动物饲养员、植物观察营	观察力、动手力、对自然科学的兴趣
	社会类	城市交通研学、警察局/消防站参访	公共意识、安全意识
	文化类	博物馆讲解营、非遗体验、城市地标探访	审美能力、人文素养
5—6年级	学科预热	初中课程体验营（物理/化学/生物/地理）/编程课等	提前了解初中学习内容和方法
	项目研究	小课题研学（如"环保调研""水资源调查"）	建立问题意识与初步研究能力
5—6年级	心理调适	初中适应心理营、时间管理训练营	管理情绪、建立自我成长意识
	综合展示	小组合作任务、成果汇报演讲	表达力、团队协作力、领导力

出发前的研学准备

①首先要做好知识储备。如果去科技馆或者博物馆,可以关联课内知识,提前复习小学科学课本中的单元。家长也可以布置一些小任务,比如去博物馆让孩子记录几种工具原理、思考历史事件意义等。

②孩子独立研学,要有基础生存训练,学会整理行李,背诵紧急联系人,懂得常用药品使用方法。

③准备两个自我介绍话题,比如特长、近期读的书,学会与人沟通破冰。

④做好心理建设,可以通过观看往期纪录片降低对研学地点和内容的陌生感。

⑤明确规则,遇到困难先尝试自己解决,解决不了及时求助老师。

做好成果转化,让研学变成硬实力

①制作研学手册:含照片、数据记录、手绘思维导图,如果有机构认证的实践报告(需盖章),也要妥善保存。

②争取担任小组长或汇报人,留存活动视频作领导力证明。可以积极收集导师评语,作为孩子的能力认证。

　　③在申请民办中学或国际中学时,可以将研学收获写入面试自我介绍:"通过徽州建筑研学,我发现地理环境影响文化……"

　　④转化研究课题,将研学的内容发展成兴趣,开展后续的实验和研究,提升孩子的综合素质。

信息差 3：

为什么孩子无法共情你的付出

别被标准化的成长信息误导

"宝宝两岁应该会说多少词?""3岁一定要能画出圆圈吗?""别人家的孩子5岁已经拼完1000片拼图了,我家的还在乱涂乱画……"

在各种育儿群和社交平台上,这样的问题层出不穷。仿佛每一个年纪,都有一份隐藏的标准成长清单,需要父母带着孩子一一对标打卡。而如果孩子步伐稍慢一点,父母就会焦虑自己和孩子是不是落后了,还来不来得及补救。

孩子不是流水线上统一产出的产品,他们有自己的发育节奏。而且孩子之间本来就存在自然的、巨大的个体差异。在家庭教育中,如果父母被标准化的信息牵着走,看似是在为了孩子努力,实际上很可能会因为别人的节奏,打乱孩子本身正常的成长节奏。这种信息差,会让很多父母误入育儿的歧途。

孩子之间不是起跑点不同,而是赛道不同

打开手机,输入"孩子几岁应该学会什么",立刻就能看到铺天盖地的标准参考,类似"两岁说短句""3岁独立如厕""4岁能自己穿

衣""5岁认识1000个汉字"……好像只要错过一个点，孩子一生就要输掉一半。

事实上，孩子的心理发育和生理发育，从来没有严格的统一标准。他们的发展轨迹更像是一棵棵各自生长的树，而不是流水线上的标准化产品。

我遇到过一个很典型的例子。小欣是个特别好动的小女孩，3岁前语言表达非常有限，只能说简单的词汇。妈妈非常焦虑，多次问我："她是不是发育迟缓？要不要马上找早教训练？"

我建议她再观察几个月，因为小欣在其他方面，比如动手能力、空间感知能力都非常好，不像是发育迟缓的情况，医生也并未反馈过孩子有相关问题。果然，到了3岁半，小欣的语言能力像爆发了一样，很快就能讲出完整连贯的故事。等到上小学，她虽然还是说话不多，但并不影响表达的流畅度，是班里口齿较为清晰的孩子。

每个孩子都有属于自己的"发育峰值点"，有些孩子在语言上出发得早，有些孩子在动作上先行一步。只是很多家长在交流信息时，只能看到大部分孩子的发育数据，很难找准每个孩子发展的个体节奏。

发展心理学中的"个体发展节律理论"指出，儿童的神经发育、语言习得、社交能力形成均存在显著的个体内差异——即同一个体在不同领域的发展速度可能天差地别，这与基因表达、神经突触修剪速度及环境互动模式密切相关。正如小欣的语言爆发期滞后于动作发展，这种"非同步性"恰是人类发育多样性的体现。

儿童发展的"正常"从来不是一条精准的直线，而是以个体特质为圆心、以弹性区间为半径的动态圆。父母的智慧，在于读懂孩子独特的发育密码，而非用标准化量表剪裁成长的可能性。

标准化的表格，只能作为参考，并不是金科玉律。用统一的时间线去衡量所有孩子，就像用一把尺子去丈量不同种类的花，终究会失去那些本该自然绽放的美好。

心智成熟需要情绪孵化，不是速成的

许多父母看到"3岁情绪爆发期""6岁社会交往关键期"等科普资料，就开始着急打卡，认为孩子的能力需要在对应年纪迅速展现，否则就是掉队。但心理学告诉我们，心智成熟不是一蹴而就的，它需要一个宽容的、允许试错的情绪土壤，需要孩子反复体验错误和调整的过程。

小涛是一个温和、内向的小男孩，幼儿园老师反映说，小涛不太愿意主动跟同伴交流，妈妈听了非常担忧，立即安排了社交技能训练课。但在训练课上，小涛变得更加紧张，每次小组活动都沉默寡言，仿佛背负着无形的压力。

后来我跟他妈妈聊过一次。"其实社交也是需要兴趣点的，"我说，"成年人也不是每个人都喜欢社交啊！小涛可能只是发育的节奏跟其他孩子不同，需要更多时间熟悉环境，建立安全感。"

于是妈妈开始调整做法，减少强制形式的社交课，转而带小涛去兴趣相投的小伙伴家自由玩耍，陪他从熟悉并信任的小圈子慢慢扩大社交范围。半年后，小涛已经在学校拥有了自己的朋友圈，并成为班上的"小暖男"。

网上流传的快速而功利的育儿信息，会让父母误以为所有情绪和心智能力都能"训练"和"速成"。其实，强大的父母需要允许孩子在适合自己的土壤里慢慢生长，而不是拔苗助长。

找到孩子的身体与认知最佳窗口期

还有一种被标准化信息误导的现象,就是盲目跟随身体发展"黄金期"的宣传,比如"英语学习必须抢占语言窗口期""钢琴启蒙最好从3岁开始",这些都会加深家长的焦虑。

小哲的父母就曾经深陷这种焦虑中。邻居家的孩子学钢琴,小哲妈妈也赶紧报了班,可小哲每次上课都哭闹。妈妈不解地对我说:"为什么别的孩子能坚持,他却像受刑一样?"

我观察小哲弹琴的状态,发现他在音乐感知上确实不错,听到音乐就会摇头晃脑,也很享受。但他的手指精细动作的发育比同龄人稍慢,导致他在弹琴时动作吃力,体验感很差,自然就会抗拒。

在告知家长后,家长和音乐老师商量了一下,调整了学习策略。小哲暂时放缓正统的钢琴训练,改成节奏游戏和打击乐启蒙,让他保持对音乐的兴趣,等待身体的自然发育。没多久,小哲主动要求重新学琴,再次上钢琴课时,体验感和学习效率果然大不一样。

对孩子来说最重要的,是找到他的身体和认知发展的最佳适配点,而不是赶时间表。一个适合孩子发展的公式是"兴趣动力+能力基础+适龄机制",一定不要忽略孩子的身心发育状况。

行动指南：科学地找到孩子自己的成长节奏

记录孩子的自然发展轨迹，做孩子自己的成长报告

建立一个小小的"成长日志"，每周记录孩子的语言变化、动作协调、社交表现等，观察他自己的轨迹，而不是生硬机械地对照外部标准。这样不仅能减少父母的焦虑，还能发现孩子的小进步。

建立"宽窗期"思维，而非"黄金期"焦虑

理解孩子的发展并非只有一个最佳窗口，而是有一定的伸缩性。比如，语言发展可以早一点也可以晚一点，关键是让孩子在准备好时顺势而上，而不是强行推进。

以兴趣为导向，配合孩子的身心发展需求

观察哪些活动是孩子自发喜欢、可以投入时间的，从兴趣中衍生技能培养，而不是围绕一堆名词堆积焦虑。例如，如果发现孩子喜欢动手，可以从模型搭建、手工活动慢慢引导到编程、工程思维，而不是盲目"填鸭式"地开课。

陪伴孩子体验，不要旁观式审视

用陪玩的方式，陪孩子一起画画、搭积木、讲故事，感

受他的兴趣脉络，在过程中自然发现他的发展节奏，而不是像裁判一样打分和检查。亲密的陪伴，是发现孩子成长关键期最有效的方法。

弱化横向比较，聚焦纵向成长

许多家长的焦虑源于"别人家孩子"的参照体系，将不同特质的孩子放在同一赛道上比较。比如看到邻居家孩子4岁能背古诗百首，就急于让自己好动的孩子模仿，却忽略了每个孩子的神经发育节奏和兴趣模式本就不同。发展心理学指出，过度横向比较会激活大脑的"社会评价威胁系统"，抑制孩子的内在动力。父母可以建立"个人成长坐标系"，用孩子的昨天对比今天——今天比昨天多坚持了5分钟阅读，这次搭积木比上次多了一层创意结构，都是值得庆祝的进步。这种"向内看"的视角，才能让孩子在属于自己的节奏中稳步前行。

行为观察：多数妈妈忽略的关键信息

在孩子的世界里，有些成长是放在明面上的，显而易见，比如身高、成绩和才艺。但还有一些成长线索，并不总是写在试卷上或挂在奖状中，而是藏在日常生活中，看似微不足道却极具意义的行为细节里。

总是喜欢敲桌子，突然的小小叹气，执着地翻阅一本书……这些琐碎的细节行为，都是孩子对于外界的认知、内在情绪状态的反馈。

多数妈妈只是"看到了"，却没有"读懂"。这是家庭教育中常见的信息差之一，孩子其实一直在用自己琐碎的行为和世界对话，而父母却忙着寻找更明显的答案，错过最真实的信号。

情绪不是闹脾气，是未被表达的需求信号

很多妈妈看到孩子大哭、发脾气，第一反应通常是："怎么又闹了？""太娇气了！""没事哭什么？"但儿童心理学告诉我们，孩子是通过行为来传达他们无法用语言清晰表达的需求。

小柚3岁那年，妈妈突然发现她的情绪变得特别不稳定。有一次出门逛超市，只因为错过了一个钟爱的气球，小柚竟然躺在地上号啕大

哭，引得路人频频侧目。尴尬又无奈的妈妈把她拎了回来，心里忍不住想：这孩子，以前都挺好的，怎么现在脾气越来越大？

来咨询时，妈妈一脸苦恼地问我："是不是我们对孩子太娇惯了？需要更严格一些吗？"

在详细了解了小柚的日常生活后，我发现，小柚最近刚刚换了幼儿园，生活节奏变化很大。这很有可能让孩子内心充满了未知与焦虑，只是年幼的她不会用语言诉说自己的不安，只能用情绪化的方式释放情绪。

我对小柚妈妈说："她不是无理取闹，她是在告诉你'妈妈，我需要帮助'。"

很多父母因为忽略了孩子情绪背后的信息，把情绪问题简单归因于"调皮""性格不好"，却不知道，这是孩子最本能的求救信号。观察孩子的情绪，不要只看表面，而要去理解未被说出口的需求，这才是真正用孩子的视角在倾听。

发展心理学家约翰·鲍比的依恋理论指出，当孩子处于陌生环境（如小柚换幼儿园）时，会通过强烈的情绪表达寻求养育者的"安全锚点"。此时父母的共情回应（如拥抱、耐心倾听）能激活孩子大脑的多巴胺奖赏系统，帮助其建立情绪安全感；反之，若被贴上"娇气"标签，可能强化孩子的孤独感，形成"情绪表达→被否定"的恶性循环。

神经教育学研究进一步发现，3—6岁儿童的情绪词汇量与其未来的社会适应能力呈正相关。当父母引导孩子用语言描述情绪（如"你刚才摔了玩具，是不是感到生气？"），实则在帮助他们构建"情绪认知地图"，这种早期的情绪解码训练，能使孩子在青春期时的情绪管理能力显著提升。

重复的动作，是孩子内在需求的一种自我修复

在育儿中，孩子还有一种极易被误解的表现，就是总做"重复"的事情。很多父母觉得无聊，甚至焦虑，觉得孩子天天搭积木，或者半年内都在画小恐龙，属于刻板表现的一种，担心孩子是不是情绪方面的困扰。

但从发展心理学的角度来看，孩子对一件事物反复尝试，保持专注，其实是内在秩序感、安全感，乃至认知在不断被构建的过程。

小远是个5岁的小男孩，有一段时期，他每天回家就是反复搭一样的火车轨道模型，不厌其烦地搭了拆、拆了搭。一开始，妈妈还能耐心陪着，但时间久了，家长开始急了："怎么还不换点新的？孩子是不是思维太单一了？"

那天，妈妈带着满腹疑惑找到我。聊完后，我建议她不要打断小远的模式，而是试着在旁边多观察他在重复中是不是有变化。

几周后，变化出现了。小远自己开始改进轨道布局，加长了路线，设计了不同的出入口。那些被妈妈误解为"没有变化"的重复练习，其实是他在练习空间组合能力、逻辑思维能力。

行为中的重复，有时是孩子的内在秩序正在生长、正在突破的特有节奏。不打扰孩子重复尝试，就是呵护孩子自主学习能力的萌芽。如果父母被表面的"单一"蒙蔽了眼睛，打断了这种自我校准的过程，无疑是在剥夺孩子的成长机会。

微小兴趣偏好，是孩子能力轮廓的初步显现

孩子并不会直接告诉你"妈妈，我的空间想象能力特别好""爸爸，

我未来可能擅长语言表达",他们的潜质,通常出现在非常细碎的日常偏好中,比如果断选择去画画角,而不是滑梯区,在讲故事时总是能绘声绘色、自编剧情,或者对收拾玩具箱摆放顺序近乎执着。所以,一定要观察这些小细节,了解孩子的偏好。

小悠从小在玩伴中显得"慢吞吞",别的孩子去抢球、打闹,回头一看,她正蹲在一边反复排列小石子。父母总是半开玩笑地摇头:"这孩子也太慢条斯理了。"

直到小学,她才在整理课堂笔记时展现出惊人的条理性和观察力。老师建议她的父母呵护孩子这种观察和分析的耐心,鼓励她写一些自然观察笔记,或者做做小型科学项目。

教育学家陶行知曾说:"教育是农业,不是工业。"孩子的能力发展如同种子发芽,需要顺应其内在节奏。当父母用"观察—记录—赋能"的模式对待小悠式的"慢热型偏好",比如为她提供放大镜、植物标本册等工具,实则是在构建"兴趣—能力"的正反馈循环。反之,若以"效率"之名强行扭转(如催促"快跟上别的孩子"),可能导致大脑的神经可塑性向非优势领域错配,浪费天赋潜能。毕竟,每个孩子都是独特的生命个体,其成长密码就藏在那些看似平凡的日常选择里。

细节偏好,就是孩子能力发展最早的"潜藏地图"。如果不去捕捉、尊重这些细微兴趣,而是一味按照主流热潮去强行引导,会抹杀掉孩子的特长点。真正能洞悉孩子长远潜力的人,并不是那些对外界趋势特别敏感的父母,而是那些看得到孩子的小小偏好、有耐心的家长。

行动指南：锻炼出敏锐的孩子行为观察力

建立每周"静观日记"

每周固定一天，至少花10分钟安静地观察孩子。不打断孩子，也不对他们的行为作判断，只是听他们说什么，看他们怎么玩。记录下最打动你的细节，你会发现很多隐藏的小信号。

每次孩子出现情绪波动，先问三个"为什么"

我们要问自己三句话：他在表达什么需求？是不是由环境变化引起压力？有没有更深层次的情绪来源？通过反问，训练自己看透孩子情绪背后的真正信息。

关注重复与兴趣，寻找微小的能力线索

记录孩子做得最多的3件事、最喜欢聊的3个话题、最爱停留的3个场景。这些反复出现的小兴趣，就是他们潜意识中认同并乐在其中的自我探索方向。

给予空间，用真诚的倾听代替评判

在孩子玩游戏或表达想法时，尽量不要立刻介入或者指导，用安静的陪伴让他们感受到自己被认真地看待和接纳。孩子会在这种氛围中，更加自然地流露出隐藏的个性与潜能。

语言信息：从"无效唠叨"到"有效沟通"

日常生活中，当孩子犯了错，许多家长都少不了对孩子的反复责备，或者试图以唠叨来督促孩子改进。但父母越是唠叨，大部分孩子越是听不进去。他们的反应要么是沉默冷淡，要么是敷衍应付，甚至有时候变得逆反，忍不住对父母大声反驳："别说了，我知道了！"

为什么家长的语言信息总是"无效"？或许不是说得不够多，而是说的方式不对。家长发出的语言，一直没能有效被孩子解读和消化。

语言，既是家庭教育的核心工具，也是亲子关系中最容易被忽略的部分。沟通并不是单纯"把话说完"，而是要让信息从有效的表达转化为有意义的行动。

"孩子听不进去"的问题在哪里

很多家长都会抱怨："我说了这么多，他就当没听见！"听起来，似乎家长很委屈，孩子很叛逆。但了解了许多家庭的相处模式后，我认为孩子对父母语言的"抵触"并不一定是他们的问题，而可能出在家长沟通的内容和方式上。

一个典型的例子是小米和她妈妈。小米是个五年级的孩子，据妈妈所说，她在学习上特别爱偷懒。每次写作业时总是拖拖拉拉，她妈妈就开始一连串的轰炸式提醒："赶紧写啊！你怎么又磨蹭了？再这样下去成绩就没救了！"结果，小米不仅没有动作加快，反而变得越来越不耐烦，还朝妈妈发脾气，让她别管自己。

妈妈不解，跟我倾诉说："我明明是为她好，怎么她还反感？"

事实上，这是典型的"无效唠叨"现象。心理学家卡尔·罗杰斯曾经提出过"一致性沟通"的概念，人际沟通的核心在于"表达自己的想法，同时顾及他人的感受"。当家长以批评、责备、唠叨的方式表达时，孩子的心理防御机制会自动启动，让他们屏蔽掉那些让自己不愉快的语言。家长的唠叨在这种情境下，不仅无法被吸收，反而让孩子越来越抵触。

小米妈妈的问题不是她说得不够多，而是她没有站在小米的角度，用孩子能够接受的方式传递信息。孩子和父母之间的沟通信息差，往往起源于家长发出的信息是一种"单向输出"，而不是"双向连接"。

有效沟通的第一步，是跳出"我说你听"的模式，转为先理解孩子心理，确保语言信息创造出一种互动反馈的空间。

以解决问题为目标，取代情绪宣泄

无效唠叨的另一个特点，是家长常常在表达时掺杂大量情绪宣泄，而非解决问题。例如，孩子书本丢了一次，家长可能大动干戈地重复数遍："怎么这么不小心？书丢了怎么办？以后注意点！"结果，孩子感受到的更多是父母的情绪，而不是从语言中获得解决问题的有效信息。

小乐的家庭就是这样，小乐比较淘气，兴奋起来就满屋乱跑，他妈妈总是跟在后面一边收拾，一边碎碎念个不停："你怎么这么皮，一点都不听话！"但小乐每次都只是继续玩，根本停不下来，妈妈为此感到非常无奈。

当小乐妈妈复述这些场景时，我注意到她在表达上的问题。小乐妈妈的语言充满了焦虑和不满，但孩子没法从中听到任何具体的指令或建议，他只能知道妈妈不高兴，知道自己调皮，但连"自己到底该做什么"的重点都模糊不清。

于是，我们一起设计了一次语言改进。当小乐再次乱跑时，妈妈用温和的语气且明确的指令对他说："妈妈需要安静一下，你可以选择玩玩积木或者静静地看一会儿书。如果你选好一个安静的活动，咱们也可以一起玩。"这让小乐感受到了明确的选择和互动，一次沟通就比以前的唠叨有效得多。

孩子在沟通中更容易对清晰的目标反馈产生回应，很难对无明确目标的情绪宣泄做出行动。有效语言的核心，是从情绪化表达转向任务导向，用更少的句子和更清晰的目标，让孩子听懂这句话希望他们做什么。

从"单向灌输"到"双向互动"，沟通的力量来自连接

无效唠叨最致命的问题是，它让亲子沟通变成了单向灌输。家长一味输出，孩子一直被动接收，甚至"屏蔽式防御"，这样的沟通往往导致双方渐行渐远。真正有效的沟通，需要从单向模式转向双向互动，让语言成为建立连接的桥梁，而不是增加距离的路障。

我曾经接触过一个家庭，妈妈和孩子之间的话题几乎都是单方面的，只有妈妈在说话："今天作业完成了吗？""明天课程要准备好！""赶紧去弹琴，不准再玩手机！"孩子几乎不给回应，只是机械地执行。

妈妈说："我说了他听不听不重要，关键是要完成我的要求。"

但这个孩子在我面前承认："那些话我早就习惯了，根本不会认真听。"他的表现让我意识到，这样的沟通根本没有形成连接，只有命令式的关系。

我建议妈妈试着从双向互动入手，关注孩子的情绪，提出开放式问题，引入对话空间。比如问孩子："你弹琴的时候最喜欢什么部分？""今天学习遇到什么困难？""我看你有点累，要不要聊聊？"这些都是给孩子"递话"，让他也能表达自己的感受。语言空间变得开放自然，亲子关系也就逐渐升温。

真正的沟通力量来自平等和互动。孩子从父母的语言中感受到的不是"命令"，而是"理解"和"参与"，他们的回应也会更加积极主动。

行动指南：从无效唠叨转向有效沟通

用短句表达清晰目标，减少情绪化语言

在面对孩子的问题时，不要过度宣泄自己的情绪，而是使用简短但明确的语言，比如"把书本放回桌子上"，而不是"怎么又乱丢书"，让孩子明确知道需要做什么。

创造选择感而非指令式沟通

给孩子选择的空间，比如"你可以先完成数学题，也可以先写语文，自己选吧"。这样的表达让孩子感受到自己的主动权，也更愿意按照指令行动。

用开放式问题引导双向互动

多问孩子"怎么看""怎么想"，比如"你觉得今天的作业哪些部分最有意思"。让语言成为一种对话，而不是单向的说教。

用语言表达共情，让孩子感受到被理解

如果孩子配合完成了任务，要及时肯定他们，鼓励性语言是推动沟通顺利的润滑剂。当孩子情绪低落时，则及时表达关心，可以说"我看到你今天有点失望，是不是遇到什么困难了"。用语言去传递理解，孩子的心门更容易打开。

那些被误解的"熊孩子"行为

"又在沙发上跳来跳去,真是一刻都停不下来!"
"为什么每次都抢玩具?一点规矩也不懂!"
"好好的墙,为什么非要涂上乱七八糟的东西?"
……

在很多家庭里,"熊孩子"几乎成了一些调皮行为的代名词。许多父母面对这些场景时,常常一脸无奈甚至愤怒,觉得孩子不听话,做事没有规矩,甚至是故意捣乱。

但我们真的读懂这些行为背后的逻辑了吗?被误解为"熊孩子"的行为,往往是孩子探索世界、自我表达的一种独特方式。但因为信息差,很多父母的认知停留在行为表面,并没有深入观察行为背后的需求或成长线索。

这种误解,不仅让亲子关系受损,还可能对孩子的性格发展产生长期影响。父母的不理解和批评会让孩子内心感到挫败,甚至错失许多发掘潜在能力的机会。

"爱捣乱的孩子"并不是真的"熊孩子"，运动型孩子需要释放能量

许多父母看到孩子跑跳不停，到处翻箱倒柜，或是蹦上沙发，总是忍不住怒吼："你怎么就不能安静一点？"

但实际上，过度活跃并不一定是不听话，可能是孩子需要释放运动能量。运动型孩子天生需要用身体感知世界，他们的活动是对外在空间的探索和身体能力的训练。

而且，所有孩子在3—8岁时，几乎都会经历一个非常喜欢运动、攀爬和跳跃的阶段。你会发现这时候的孩子简直像个"皮猴子"，身轻如燕地攀上爬下，这是他们运动能力发展的高峰期，也是探索世界的一种方式。正如儿童发展研究者埃斯特·西伦提出的"动态系统理论"所言，儿童动作发展是身体、环境和任务需求共同作用的结果。攀爬、跳跃等看似无序的行为，实则是儿童通过动态调整肢体协调性来建立空间认知的重要过程。

小源的妈妈曾经非常苦恼，因为小源就"坐不住"。他不喜欢坐着听故事，也不愿意玩静态的拼图等游戏，每天不是跑来跑去，就是爬椅子蹦床。妈妈觉得他根本学不进东西，总是批评他："你能不能安静下来，好好听话！"

后来，小源的运动天赋在一次户外活动中被体育老师发现，他的爆发力和协调性比同龄孩子明显更强。老师鼓励小源参加简化版的田径训练，每天都有1—2个小时专门释放能量。让人意外的是，回到家，他似乎安静了许多，甚至能坐下来读很久的书。

妈妈恍然大悟，跟我分享了这件事，说："原来不是他不听话，是

他需要先把多余的精力消耗掉！"

很多运动型孩子的成长线索，藏在他们的活跃和"捣乱"当中。被误解的"熊孩子"行为，可能是他们的运动天赋的外显信号。父母如果站在他们的视角去理解，便会发现他们不是故意让人头疼，而是需要一个适合他们的空间去释放能量。

强行让孩子安静下来，只会让他们更加烦躁，甚至产生抗拒心理。帮助这样的孩子找到合适的活动渠道，不仅能够改善他们的行为，还能发掘他们真正的潜力。

☁ "抢东西"不是自私，社会规则需要时间学习

在孩子的成长中，"抢玩具""不跟别人分享"是最容易让家长感到不讲规矩的行为之一。很多家长看到这种情况，总是急着纠正，强调要懂得分享，不能抢别人的东西。

其实，孩子的问题不一定有那么严重，"抢玩具"的行为背后并不一定是孩子自私，可能只是这个年龄段对"所有权"感知的探索过程。分享是一种高阶的社会规则，但学习它需要时间和引导，孩子会先通过冲突来理解什么可以属于自己、什么需要让给他人。

小薇一岁半时，每次去幼儿园，总喜欢抢别的小朋友手里的玩具。老师和家长一度觉得她很霸道，总是批评她："别人玩的东西不能抢！"但越是批评，她的行为越是频繁，甚至开始不愿意与其他孩子互动。

后来，我建议小薇妈妈不要从"分享"的角度出发，而是试着陪小薇观察其他小朋友玩，用语言描述和理解其他孩子的行为。比如，看到别人在玩小汽车，可以跟小薇说："他现在在玩小汽车，你可以等一

会儿再看看,他不玩了你就可以玩。"帮助她从发生冲突,转向观察和等待。

一段时间后,小薇在所有权和使用规则的理解上有了很大的进步,她意识到,公共玩具的使用需要排队,要学会等待和分享。有一天,她主动把自己最喜欢的小兔玩偶递给另一个小朋友,这一行为让小薇妈妈和老师都很惊喜。

瑞士儿童心理学家皮亚杰的认知发展理论认为,2—7岁的孩子处于"前运算阶段",他们以自我为中心看待世界,对"所有权"的理解尚处于萌芽状态。在这个阶段,孩子会通过"占有"行为来确认物品与自我的关系,就像小薇抢玩具,其实是在探索"什么属于我""我如何获得想要的东西"。这种行为是建立物权意识和社会规则的必经之路。

社会学习理论则强调,孩子通过观察和模仿来学习社交行为。当父母简单粗暴地批评"不能抢",却没有示范正确的沟通方式时,孩子很难真正理解规则。

孩子"抢东西"的行为是他们从自我到社会规则过渡的一种尝试。父母误解孩子的行为可能会导致错误教育,过度责备只会让孩子变得更加敏感甚至孤立。如果父母能够用耐心和语言引导,他们会逐渐从冲突中学会规则,从模糊中建立对社会秩序的理解。

乱涂乱画不是破坏,是创意天赋在萌芽

许多父母看到孩子在墙上乱画,把橡皮泥捏得稀碎,或者积木搭得乱七八糟,都会认为毫无章法,不过,艺术家可能有不同的看法。毕加索一生都在追求"画得像个孩子",孩子的乱涂乱画,可能是他们创意

的萌芽，是一种对秩序与表现的独特探索。

小安是一个特别喜欢画画的孩子，但他画的东西总显得"不太对劲"。别的孩子画房子中规中矩，他的房子却是圆形的；别的孩子画花朵对称整齐，他的花朵就像爆炸了一样。妈妈曾经觉得这是"胡乱画"，甚至几次阻止了他的涂鸦："你学学别人画得好看的，你这画的什么啊？"

但在绘画老师的眼中，小安的表现却显得特别出色，因为他的画充满了独特的创意和情绪表达。老师建议妈妈带小安去看一场儿童画展，给他更丰富的参考内容，而不是用"规范化"的标准限制他。

慢慢地，小安的画开始呈现出更多主题性的创作，比如画变形的动物，表现抽象的情绪。妈妈了解了更多的艺术和儿童心理知识，也渐渐意识到，所谓"乱画"其实是孩子创意的显现，而阻止这些创意会压抑孩子探索的动力。

罗恩菲德的艺术教育理论指出，儿童绘画的"非现实性"特征恰恰反映了其创造性思维的发展阶段，过早进行技法训练可能扼杀想象力。

孩子的行为总是与他们的潜能息息相关。如果父母用传统的"秩序美学"去评判孩子的创作表现，可能会过早扼杀掉他们的艺术潜力。相反，给予他们更多表达的空间和支持，他们会在无序中创造出令人惊喜的成果。

给孩子的行为更多包容度，不仅是对他们的尊重，更是对他们潜能的保护。

行动指南：读懂"熊孩子"行为，发现真实需求

给孩子释放能量的空间

如果孩子总是跑跳不停，可以给他们设定"活动时间"，比如安排户外场地和运动课程，让他们专注于体能释放，回到家后自然会安静下来。

通过语言引导，学会社会规则

当孩子出现"抢东西"行为时，不要用简单的批评代替教育，可以尝试用语言描述场景，让孩子理解到底发生了什么，自己要做什么。比如"你可以先在旁边看，等他玩好了再轮到你"，通过耐心互动帮助孩子过渡，逐渐理解规则。

支持孩子的探索行为，避免过度限制

对孩子的创意行为例如画画、搭积木，放大包容心。如果需要限制活动范围，比如不乱涂墙，可以给孩子设置专属区域，购买画板或贴纸来释放创作热情，而不是完全禁止。

观察行为背后的能力线索

写下孩子最频繁的"熊孩子"行为,比如乱画、跑跳、抢东西,记录模式和变化。尝试从这些行为中找到孩子可能的特长,发掘孩子的创造能力、运动天赋或社交特长。

用情绪命名法化解冲突

当孩子因需求未被满足而哭闹、捣乱时,家长可尝试"情绪命名法"——先帮助孩子识别情绪,再引导需求转化。例如,孩子抢玩具失败后尖叫,可蹲下平视他说:"你现在很着急,因为想玩这个玩具对吗?"通过命名情绪让孩子感受到被理解,随后补充:"我们可以先玩旁边的积木,或者等一会儿再试试。"如此,将孩子的原始情绪转化为可协商的具体需求。

建立游戏化规则,培养自主性

针对规则意识薄弱的孩子,可将社会规则设计成游戏任务。例如,将"轮流玩玩具"转化为"玩具接力赛",用沙漏计时,告诉孩子:"沙漏漏完沙子就传给下一位选手,看看谁能最快完成任务!"通过趣味互动让孩子在能力边缘逐步提升。

怎样用词汇信息塑造孩子的情商

如果你仔细观察，就会发现在面对孩子的坏情绪时，父母的习惯性的安慰往往没有什么实质信息。"这没什么大不了的，别哭啦！""勇敢的小朋友会快点振作起来，不要难过。"这对孩子的情绪几乎没有任何帮助。甚至他们可能会哭得更厉害，或者干脆闭口不谈，开始对自己的坏情绪感到羞耻。

问题出在哪里？出在我们不断试图用语言去"压制"孩子的情绪，而不是帮助他们认知情绪、表达情绪。情商的核心，不是让孩子学会控制情绪，而是让他们能够识别、表达和调节情绪。提前接触足够的词汇，是至关重要的第一步。

信息差就在这里，很多父母误以为孩子有坏情绪就是情商低，事实上，孩子的情商发育离不开词汇工具的支持，他们需要通过语言对情绪有明确的认知和归类，才能逐渐提升情商水平。如果父母无法提供这样的语言帮助，孩子的情绪发展便会停滞在模糊和混乱的状态。

语言是情绪的容器，如果父母能用精准的词汇帮孩子"命名"情绪，孩子将不再困于"说不出的难受"。这不是简单的词汇教学，而是在构建孩子与自我对话的底层逻辑。

情绪词汇是孩子世界的第一面镜子

很多孩子在表达情绪时，只会用简单的词汇，比如"我不开心""我生气了""我害怕"。这些词语是一个极其广泛的情绪范畴，无法真正帮助孩子准确地理解自己当时的感受。

情绪教育的第一步，就是帮助孩子从模糊的情绪中找到精确的命名。

小乐4岁的时候，总是莫名其妙地发脾气。妈妈问他为什么生气，他只能一脸别扭地说："我不开心。"

后来，妈妈开始尝试用新的方式帮他识别情绪。当他因为玩具被抢哭泣时，妈妈说："你是不是觉得很委屈？"当他因为看恐龙节目而不安时，妈妈说："是不是有点害怕？"

几个月后，小乐开始主动使用这些词汇："妈妈，我觉得很委屈，因为我的画被别人弄坏了。"他的情绪表达变得越来越具体，妈妈也更容易听懂并回应他的真正需求。

情商培养的第一步是清晰的情绪识别，孩子使用的情绪词汇越丰富，他们对自己的感受认知就越准确。但很遗憾的是，许多父母自己都缺乏丰富的情绪词汇，无法为孩子提供进一步的指导。

家长应该先静下来看看自己是否会表达情绪，能不能正视那些正常的负面情绪，会不会好好地表达它，而不是以发脾气、闷在心里等方式消化掉。父母先掌握描述情绪的技巧，才能耳濡目染地教给孩子。

表达准确，把"情绪化"转化为"情绪表达"

我们经常遇到一些类似情况，孩子无法用语言准确表达自己的情绪，转而通过行为来释放，比如大哭、摔东西，还有过度反应行为。一些家长因此断定孩子"太情绪化"，却忽略了根本原因是孩子缺乏语言工具来表达自己的感受。

小米是个3岁的小女孩，每次不顺心的时候，就会坐在地板上大喊大叫。一开始，她的妈妈非常崩溃，不知道如何应对，只能不停地说："你不要闹了，我知道你生气！"但这种方式显然没有效果，小米每次都哭得更厉害。

我给小米妈妈讲了一种办法，就是尽量去探寻孩子的情绪来源，帮孩子梳理"为什么会这样"。孩子年纪小，不容易将行为和情绪的因果关联起来，但家长不能忽视这一点，要问孩子是哪些行为让他（她）产生了这种情绪，或者这种情绪有什么表现，帮孩子建立联想。这样，孩子自己才能逐渐找到原因，会表达情绪。

小米妈妈开始尝试用更具体的词汇去帮助小米表达，问她："是不是因为玩具掉了，你觉得特别难过？""你刚刚一直在小声吭哧，是不是有点害怕？"

几周后，小米在发脾气时，一边哭一边告诉妈妈："我的小熊丢了，我觉得很难过。"知道了原因，妈妈立刻帮她找到了小熊，小米的情绪很快平复下来。

妈妈说："原来她不是'熊孩子'，她只是需要学会表达！"

孩子的情绪行为，往往是一种无声语言，而我们的任务是把这些行为转化为表达的词汇。越精准的语言，会让孩子越容易从"情绪化"进入"情绪表达"的状态。如果父母过于专注纠正行为，容易忽略语言在情绪中的调节作用。

语言引导共情，让孩子理解情绪如何影响别人

一个高情商的孩子，不仅能识别和表达自己的情绪，还需要能够理解自己的情绪是如何影响他人的。这就是情商教育的一个进阶目标，教会孩子用语言去引导共情，让他们从"我在情绪中"走向"我与情绪互动"。

小轩总是喜欢和同学抢玩具，每次被老师批评时，他会反驳："我有什么错？我也想玩。"妈妈有时也觉得无从下手，只能一遍一遍地叮嘱："你要学会谦让，你是大孩子了。"但小轩根本听不进去。

后来，妈妈决定换一种沟通方式。某次，小轩抢了弟弟的玩具，弟弟哭了，她没有直接批评，而是问小轩："你抢了玩具，弟弟为什么哭呢？你觉得他现在是什么感受？"

小轩沉默了一会儿，说："他可能觉得伤心，因为刚才玩具是他在玩。"

妈妈接着说："如果你是弟弟，会希望哥哥怎么做呢？"小轩低声回答："我会希望他让我玩一下。"

妈妈抓住这一点让他主动归还玩具："那哥哥可以试着让弟弟玩一会儿，玩好了再轮到你，好不好？"

这种语言引导的共情，不仅避免了单一的"强制分享"的规训，更让孩子学会从他人的视角看待行为。慢慢地，小轩开始主动和小伙伴"轮流玩"，在其他事情上也更愿意站在别人角度考虑了。

很多父母的语言都是直接命令，忽略了引导孩子用情绪互动的思维去理解自己与他人。语言是情商教育中最重要的工具之一，它帮助孩子从自己情绪的中心走出来，接触到他人情绪的边界，这便是共情的开始。

行动指南：提高孩子的情绪描述能力，也能提高情商

帮孩子学习情绪词汇，准确命名感受

从简单的情绪词汇开始，比如"委屈""愤怒""害怕"等，逐渐扩展到更复杂的情绪，像是"挫败""失望""喜悦"。我们要让孩子知道，情绪是有具体分类的，帮助他们理解分析情绪。

用具体、视觉化的语言描述情绪场景

当孩子无法表达情绪时，可以试着具体化，比如"你现在是不是觉得心里很堵""你是不是因为打碎了东西，觉得有点紧张"，让孩子通过场景关联起情绪，不仅明白自己的坏情绪从何而来，也知道应该怎样解决。

用语言引导孩子共情

在孩子出现冲突行为时，试着通过语言让他们理解冲突背后的情绪影响，比如"他哭的时候你觉得他是伤心还是生气"，培养孩子从他人视角解读情绪的能力，也更体谅别人。

反复肯定，用积极语言塑造情商

当孩子主动表达感受时，给予及时肯定，告诉孩子"你愿意让我知道你在想什么，这很好"，让孩子觉得情绪表达是一种值得鼓励的行为，而不是问题。

为孩子创造"说出情绪"的机会

每天都可以用语言帮助孩子总结情绪，比如"今天你觉得最高兴的是哪件事"或者"今天有没有让你觉得失落的事情"，通过这样的互动，让情绪表达成为生活的一部分，既能了解孩子，消除家庭中的信息差，也能让孩子及时排解压力等负面情绪。

别人说的"家长权威",就是惩罚孩子吗

如果提到"家长权威",许多人的第一反应,它总是和管教、惩罚或者让孩子听话挂钩。"权威"的常见形象,是那种生气时眼神凌厉,不满时声音加大,用几句命令就能让孩子乖乖低头的家长。

我们对"权威"的理解,是否已经进入了误区?惩罚也许能让孩子内心感到敬畏,但也可能让他们表面服从,内心抗拒。当权威变成惩罚,它究竟是帮助了孩子,还是让孩子离我们越来越远?

在家长之间的沟通中,围绕"权威"的误解十分常见,这种误解产生的信息差,常常让原本健康的教养方式出现偏差。现在,我们要重新定义"家长权威",让它成为家庭教育中强大的正向力量。

权威不是惩罚,权威来自温和而坚定的规则

很多家长在教育过程中,都会产生一个疑问:"不惩罚孩子,他们怎么懂得约束自己?"所以,没完成作业可能会被罚站,没收玩具是常见的惩罚手段,甚至有些家长还会动用体罚来让孩子快速服从。

仔细想一想,这样的惩罚是培养了孩子的规则意识,还是让他们因

为怕而服从？答案很多时候是后者，孩子常常妥协于父母的愤怒或惩罚，根本没有理解规则的意义。

小凯就是这种情况。他是个急性子的孩子，每次吃饭时总是不老实，匆匆忙忙地吃两口，就忍不住跑去玩。妈妈认为吃饭时"不得离席"是餐桌礼仪，为了"立规矩"，她决定惩罚小凯，只要他敢在吃饭的时候离开餐桌，就一天不让他玩玩具。

小凯被迫留在桌旁，但脸上满是委屈和无奈。只要妈妈不在身边，没有人监督他，他就故态复萌，并没有养成习惯。

后来，我建议小凯妈妈尝试调整方法，让孩子理解为什么要这么做。理解规则才会遵守规则，而不是用惩罚来强行让他认可。小凯妈妈跟小凯玩了一个"计时游戏"，对比边吃边玩和吃完饭再去玩，到底哪个效率更高。

小凯发现，如果自己边吃边玩，不仅吃饭时间变长了，也没怎么好好玩玩具。而吃完饭再去玩，同样的总时长，他能专心享受玩具的时间更长一些。这个结论说服了小凯，妈妈说："让你好好吃饭，就是为了养成做什么事都专心的习惯。饭后还有更多时间安心玩游戏，不是更好吗？"

小凯立刻点点头。从那以后，妈妈再也不用监督他了，因为小凯自己也知道，这样是对自己最好的选择。

教育孩子懂规则，就是让孩子理解并接受约束，而不是简单服从。家长的权威感来源于稳定的规则和父母处理问题的态度，而不是惩罚行为本身。温和而坚定的方式，不轻易动摇规则，但也不强行让孩子守规矩，可以让孩子在被尊重中感受到规则的力量。

家长权威的建立需要平衡引导与限制：过度压制会让孩子因内疚感

而退缩，失去探索勇气；缺乏规则则会导致行为失控。温和而坚定的规则能帮助孩子形成"目标感"——既理解行为的边界，又保留主动尝试的空间。例如小凯的案例中，通过游戏化对比让孩子自主发现规则的意义，正契合了这一阶段的心理需求。

权威不是控制，权威来自有原则

许多家长为了"让孩子听话"，会采取一种控制型的教育方式，强行安排孩子的时间，限制他们的选择，甚至试图掌控一切。但这种类型的"权威"，虽然短期内看似有效，但很容易让孩子产生反抗心理，甚至在内心默默疏远父母。

苏苏和爸爸就是这种情况。苏苏有一段时间迷上画画，每天一放学就钻进卧室专心画画。爸爸觉得学习更重要，只要一发现，就用强硬的语气阻止她："画什么画？去写作业！"

苏苏虽然嘴上答应，但每次写作业的时候都会偷偷画小涂鸦，学习任务完成得慢慢吞吞。爸爸渐渐恼火，干脆直接收走画本。结果，苏苏在爸爸面前越来越沉默，连话都不愿和他说了。

我建议苏苏爸爸试着用开放的态度来调整自己的行为，不要强行阻止画画，但要设定一个保持长期一致的规则，比如"写完作业后，可以画20分钟"。这个规则不能经常变动，只要商量好了，就一定要严格按照它来，不管是爸爸还是苏苏都不能违反，这就是原则。

除此之外，爸爸不能对苏苏喜欢画画的爱好表示反感，要学会接受、欣赏。这样坚持一段时间，再看看什么情况。

几周后，苏苏主动对爸爸说："作业写完了，现在我要画蝴蝶。"爸爸和她的关系也越来越融洽。这说明，家庭教育中的权威，并不是通过控制构建，而是通过前后一致的规则和尊重来维系。如果家长用稳定的规则让孩子感到成长环境的可预期性，他们会自然而然地信任家长的权威，并主动配合，而不是被迫服从。

权威不是说教，权威来自榜样的力量

有些家长习惯用说教来建立权威，以为自己告诉孩子足够多的道理，就能够让他们乖乖听话。于是父母的话语变成了家庭里无穷无尽的"理论课"。但说教的效果往往并不理想，孩子很容易觉得枯燥，甚至产生逆反心理。

小乐的妈妈非常爱给他讲道理。每次小乐贪吃零食，她都会跟他讲一大段关于"健康饮食"的知识："零食对身体不好，吃多了会影响消化，还容易发胖。你不应该吃这么多零食！"小乐虽然嘴上答应，但一转头就偷偷吃了更多零食。

后来妈妈发现问题出在说教上，决定用行动来代替错误的语言方式。她自己开始减少购买零食，把健康食物做成可爱的形状摆在桌上，还主动陪小乐一起吃。

她用轻松的语气告诉小乐："妈妈觉得这些蔬菜更好吃。"小乐果然慢慢减少了零食的摄入，开始对健康食物更感兴趣。

榜样是权威的核心力量。孩子未必会记住我们说了什么，但他们会模仿我们做了什么。当父母用行动去代替说教，用自己的行为去诠释规则，孩子感受到的不仅是语言的力量，还有父母自身的可信度。

行动指南：建立温和而坚定的"家长权威"

设定稳定的规则，避免情绪化

权威建立从稳定的规则开始，不要因为自己的心情或孩子的小错误就任意修改规则。例如，规定"晚上9点后不使用电子设备"，无论孩子提出什么理由，都要温和而坚定地执行，孩子会逐渐习惯规则的稳定性。

通过互相尊重的对话替代控制

允许孩子在规则内表达自己的选择，比如"你可以选择先读书还是先练字，但都需要在9点前完成"，让孩子感受到规则的边界是稳定的，但执行过程有弹性。

减少说教，用行动代替语言

如果你希望孩子养成某种行为习惯，比如阅读或运动，自己首先要做到。每天在饭后主动打开一本书，孩子的模仿欲便会逐渐驱动他们认同这样的行为。权威来自榜样，而非说教。

用温和的态度面对违反规则的行为

孩子犯错时，不要使用粗暴惩罚，而是用语言明确说明

规则："我们说好的时间是9点，你超过了。"同时给予孩子后果反馈，告诉他们："因为你违反了约定，今天玩电脑的时间需要缩短，明天再玩。"这样的温和态度会让孩子感受规则的不可破性，但不会感到羞辱，他们也会知道自己为什么要接受惩罚，更容易心服口服。

坚持一致性，让孩子感受权威的稳定

规则设定后，一定不要随便改变。例如"玩具玩完必须收拾"，无论是平日还是假期，这条原则都不变。稳定的权威能够让孩子感受到生活的秩序，减少对规则的困惑。

用自然结果替代人为惩罚

当孩子违反规则时，与其施加额外的惩罚（如打骂、没收物品），不如引导他们体验行为的自然结果，这种方式更能让孩子从内心建立规则意识。例如，孩子上学前磨磨蹭蹭导致迟到，家长可以避免说教或催促，而是平静地说："我们需要按时出门，现在迟到了，老师可能会询问原因。"让孩子亲自面对迟到后的沟通场景，比单纯的惩罚更能理解时间管理的重要性。

双向成长：被忽视的教养反馈信息

在我们惯常的观念中，父母教育孩子，似乎是一场单向的行动。父母是引导者，孩子是接受者；父母设规则，孩子是遵从者；父母讲道理，孩子是倾听者。

但真实的育儿场景并非如此简单。孩子的眼泪、抗拒，甚至是情绪崩溃，也许是在提醒你"教养的方式出了问题"，而孩子的积极回应与自主配合，可能是对你某一次调整做法的认可。这都说明，教育是一场"双向奔赴"的过程，父母也该仔细观察孩子的反馈，学习、反思并调整自己的思维和行为。

忽视孩子的"教养反馈信息"，是家庭教育中常见的认知盲区，容易让父母错过自我成长的契机。教育不是单向的，孩子也是父母的"隐形老师"。

以行为为镜，孩子行为是父母教育的投射

很多家长会认为孩子的行为完全是个体性格的表现，却忽略了一个更深层次的事实——孩子的行为模式，往往可以直接映射父母的教养方式。

当你发现孩子总是喜欢撒谎，可能是惩罚过重让他们感到压力。孩

子总是爱顶嘴,或许是因为对沟通中的不平等产生抗拒。孩子总是自责,可能父母对他们的要求过于苛刻。

小芸妈妈一直为女儿的"胆小"头疼。每次让小芸在公众场合主动分享,或者问老师问题,小芸都畏缩不前,总是看着妈妈,低声说:"我不敢。"

妈妈在焦急中,总会说:"你怎么又害怕了?勇敢一点啊,我陪着你呢,还怕什么!"

后来,小芸因为不愿意在班里演讲,错失了被评选为班干部的机会,心情很低落。妈妈在咨询中向我求助:"我该怎么努力鼓励她呢?孩子一直这么胆小。"

深入探讨后,我发现,在小芸成长过程中,妈妈会在很多细小的事情上直接替她做决策。虽然妈妈的出发点是希望女儿少走弯路,但意外剥夺了她自我决定的机会。小芸不敢主动表达,正是因为她从未练习过,而这种"胆小",其实是妈妈教养方式的倒影。

我建议小芸妈妈放手一些小的决策权,比如让小芸自己挑选周末参加的活动,准备下次演讲穿的衣服。几个月后,小芸明显变得更自信,也愿意在学校尝试新的任务。

孩子的行为很多时候就是父母教养方式的一面镜子。用心去"读"这面镜子,调整自己的方式,孩子的行为就会随之改变。

读取孩子情绪里的隐藏信息

另一个常被父母忽略的孩子的反馈信息,就是情绪。哭闹、愤怒、冷漠……孩子的情绪在表面上看起来是对外在事件的反应,实际上,它常常包含着关于家庭教育的隐藏信息。如果父母不细读这些情绪，可能会将其误解为孩子的叛逆和无理取闹。

小豆的父母曾经和我提到一个场景，写作业时，小豆经常会发脾气，用橡皮擦来回往桌子上摔，有时甚至直接撕掉作业本。爸爸每次看到都怒不可遏："你怎么这么没有耐心？长大怎么办！"妈妈则在旁边不停劝："那就慢慢写嘛，别怕。"

可是，小豆的情绪问题始终没有改善。

我发现，小豆平日里特别怕做错事，因为爸爸平时总会在他考试分数下降时严厉批评，而妈妈的劝解则显得有些敷衍，没有触及孩子真正的担忧。他的撕作业本的行为，其实是焦虑无从发泄的表现。他需要的不是父母的责备或敷衍安慰，而是一步步引导他降低对失败的恐惧。

我建议爸爸妈妈一起配合，调整策略。首先态度要保持一致，不要"一个唱红脸一个唱白脸"，让孩子拿不准父母的态度，缺乏安全感。爸爸要停止对孩子学习表现的过度批评，在小豆完成任务时及时肯定他的努力，而不是只看成绩好坏。父母还要共同陪小豆设定更加实际的学习计划，比如写作业时分成几个小块完成，让他体会到成就感。

随着时间推移，小豆的情绪稳定了，学习也变得更加主动。

孩子的情绪就是他们内心的语言，父母需要学会读取情绪背后的信息。每一次情绪爆发，都可能是外部世界与他们内心需求的冲突，而父母正是调解这种冲突最重要的角色。

从孩子的抗拒中反思，规则是否需要调整

父母常常发现，某些规则在家里设下后，会反复遭到孩子的抗拒。

比如，有的孩子总是拖着不睡觉，有的喜欢挑战"不准吃零食"的规定，有的对"必须先写作业再玩"充满抵触。大多数父母对此的第一反应是坚守规则或者加重威慑，而不是思考规则本身是否真的合理或者需要微调。

小可的妈妈曾分享过一件困难的事，她家有一个硬性规定，晚上8点后不准玩任何电子游戏。但小可几乎每天都在挑战这个规矩。

"一到8点就在那里赖着不走，说再玩一局，不然就和我对着干。"妈妈非常苦恼地倾诉，说自己无论怎么吼，依然无济于事。

很快，我发现这个规则本身存在一些问题。8点的时间设置，对小可来说正卡在"游戏兴奋阶段"，而游戏的强互动性让他难以突然停下来。试图在这个时间点一刀切地让孩子遵守规则，只会让情绪和规则产生冲突。

我建议妈妈对规则微调，不再用"8点之后不许玩"这个规则，而是改成"每天晚上玩1个小时"。在即将到点时候，提前15分钟提醒孩子，约定"最后一局"的时间。

妈妈说："没想到换个时间点让他更容易停下来了，甚至有时他自己会提前关掉游戏。"

亲子沟通中的信息差，有时就是父母忽略了孩子行为背后的逻辑，将其简单归因为"孩子不自觉"。很多时候，是规则本身与孩子的状态和节奏不匹配，才引发持续抗拒。规则需要与孩子的实际情况结合，不能只出自父母的单方面视角。

行动指南：根据孩子的反馈，不断调整教养方式

观察行为背后的模式，调整教养方式

记录孩子最让人"头疼"的行为，比如撒谎、胆小、暴躁等，反思这种行为是否和家庭习惯或父母说话方式有关。从行为中找出暴露的教养问题，并尝试调整。

倾听情绪，解读未被说出口的需求

每次孩子情绪爆发时，考虑一下，孩子的这次情绪是不是因为父母说一套做一套，是不是因为规则过于模糊或苛刻，是不是在尝试通过行为表达对规则的不适。了解孩子没有说出口的需求，或者从几个猜测的角度去尝试跟孩子沟通，让他们自己说出来，并针对性解决。

主动对规则进行评估和微调

家庭规则需要随着孩子的发展进行升级。每隔一段时间就要重新评估现有规则，看看哪些得到了遵守，哪些总是被挑战。调整或增加规则时，尝试和孩子商量，一起制定，这样更容易让孩子配合。

通过"角色互换"体验孩子的感受

　　偶尔让孩子扮演"家长"角色,父母模拟孩子的行为,直观感受教养方式的合理性。例如,爸爸模仿孩子磨磨蹭蹭写作业,让孩子扮演"家长"督促,过程中孩子会意识到"不停催促会让人烦躁"。通过互换视角,父母能更敏锐地捕捉到孩子的真实需求,让教养调整更具针对性。

创建"反馈储蓄罐",可视化收集孩子意见

　　在家中设置一个"教养反馈储蓄罐",准备便签纸让孩子随时写下对父母教养方式的感受。例如,孩子可写"今天妈妈耐心听我说话,我很开心"或"希望爸爸不要总打断我"。每周固定时间全家打开储蓄罐,父母认真回应每条意见并讨论改进方案。

如何用"好奇心"与孩子建立深度连接

"妈妈,我为什么不能像小鸟一样飞?""水池里的月亮真的能捞起来吗?""你说星星会不会掉下来砸到地球?"孩子总是沉浸在无穷无尽的提问中,而这些天马行空的问题,恰恰是孩子用好奇心向你打开的一扇大门。

好奇心不仅是孩子探索世界的动力,也是他们渴望与父母建立交流的重要方式。如果父母对这些问题表现出不耐烦,甚至直接忽略,孩子慢慢就会关闭那扇门,从最亲近的人那里抽离情感,转而用别的方式寻找自己的答案,甚至不再愿意与你沟通内心的感受。

许多父母没有意识到,"好奇心"是孩子与他们深度连接的重要桥梁。孩子的提问不仅是对事物的探索,更是他们与家长建立亲密关系的请求。而这种请求,常常被父母误解,甚至错过。

好奇心的背后,是孩子的情感信号

许多父母认为,孩子的好奇心只是对外部世界的探索行为,与亲子关系没有太多关联。但在心理学中,孩子的好奇心不仅反映他们对世界的兴趣，还包含着重要的情感信息。

他们每一次向父母提出问题，其实是在表达"我希望能和你一起探索世界"。这种渴望，隐藏在他们的天真提问背后。

小贝4岁时，对月亮特别着迷。每天吃晚饭时，他都会跑到窗边看天上的月亮，然后开始他常用的提问模式："妈妈，月亮为什么每天都变样子？""月亮是不是能飞到我们家？"

妈妈最开始还觉得有趣，会陪着小贝一起查资料，或是给他讲一个关于月亮的故事。但随着问的次数越来越多，妈妈开始疲惫了："我不是告诉过你吗，又问这些干吗？"小贝渐渐变得沉默，看到妈妈时只是自己默默跑到窗边看月亮，不再问任何问题。

这下，轮到了妈妈开始反思："为什么他现在对我不说这些了？"

我告诉她，孩子其实是非常敏感的，他们不是不能感受到来自父母的拒绝。所以，当妈妈表现出抗拒、不感兴趣时，小贝就关上了那个跟妈妈交流的大门。他不是不喜欢月亮了，而是不再想跟妈妈一起讨论月亮了。

小贝妈妈只能主动去唤起孩子的沟通欲望。她换了一种方式，每次小贝看月亮时，她主动问："今天的月亮是不是特别圆？我们一起看看能不能找到它的名字吧！"小贝的眼睛重新亮了起来，开始和妈妈分享自己的想法，还总是缠着她给他讲更多关于夜晚的故事。妈妈这才意识到，小贝的"提问"，其实是在喊她一起探索他的内心世界。

发展心理学中的"亲子互动理论"指出，孩子的提问行为本质上是"情感联结寻求"的体现。英国心理学家约翰·鲍比的依恋理论表明，当孩子向父母提出看似简单的问题时，其大脑的"安全寻求机制"正在激活——他们通过获取父母的积极回应，确认自己处于被关注、被接纳的情感环境中。如小贝反复询问月亮相关问题，实则是在通过"共同探索"强化与母亲的情感纽带。

好奇心不仅是认知的工具，也是情感表达的渠道。孩子的每一个提问，都是一次潜在的连接机会。如果父母忽略了孩子好奇心背后的情感信号，就会渐渐错过与孩子的深度连接。

用好奇心激发共创，搭建亲子沟通的桥梁

好奇是孩子的天性，但许多家长在面对孩子提问时，总是给出单一甚至冷漠的回答，比如"一会儿翻翻书就知道了""你自己想想吧"。这种回应会压抑孩子继续探索的冲动，也缩减了亲子的互动空间。

而更好的方式，是利用孩子的好奇心，激发共同创造的沟通过程，把一场简单的问答变成一次有趣的合作。这种互动不仅能满足孩子对答案的渴望，更能让沟通变得生动而贴近。

小凡是一个特别喜欢问问题的孩子，脑子里总是充满天马行空的想法。有一次，他突发奇想地问爸爸："爸爸，如果太阳掉到地球上，我们会不会住在一个火球里？"爸爸一时无言，简单地说了一句："太阳不会掉下来的，你想得太多了。"小凡明显感到失望，觉得自己的问题很无聊，从此减少了和爸爸聊天的频率。

有一次，爸爸难得有"童心"，尝试换了一种方式回应："嗯，这个问题很有趣，我们来假设太阳掉到地球上会发生什么吧！"最后，他们一起画了一张"火球地球"的图，还列出了一些奇怪的场景，比如房子会建造在岩浆上，汽车会变成喷火飞船。

小凡玩得兴高采烈，随后又问了更多的问题："那太阳住回天上，

又会发生什么?"那天,爸爸突然发现,自己和孩子创造了许多难忘的回忆和互动,而这都开始于他的一次积极回应。

每一个问题都是一次沟通的机会,而沟通会因为合作迸发更多可能性。这种"共创式回应",让交流不再只是"一方问一方答"的单向模式,而是一起构建新的世界。父母用自己的认知托举了孩子的想象力和创造力,孩子的好奇心可以与父母的想象力互相激发,从而建立起更紧密的互动关系。

共创式互动的核心是将"解答问题"转化为"共同创造故事"。当孩子问"为什么彩虹有七种颜色"时,除了科学解释,还可以和孩子一起用彩笔绘制"彩虹王国",设定每种颜色代表的角色(如红色是火精灵,紫色是魔法仙子)。小羽曾好奇"恐龙如何交流",爸爸便与他用纸箱制作恐龙模型,通过模拟不同的吼叫声音,共同编排出"恐龙家族对话剧"。这种角色扮演不仅激活了孩子的语言表达能力,更让亲子在笑声中建立情感联结。

儿童心理学研究发现,这种状态下的亲子对话会自然流露出更多真实情感。就像小凡和爸爸的"火球地球"创作,看似荒诞的想象背后,是两代人思维的碰撞与融合,这种非功利性的互动,正是破解"沟通隔阂"的密码。

用好奇心打开深度交流,重新认识孩子的成长

父母习惯用"我来考考你"的方式跟孩子交流,比如问孩子:"你今天学会了什么新知识?""这些知识你怎么还没掌握?"这种评价模式有时会让孩子觉得好奇是一种功利的行为,学习新东西是为了满足父

母的考核，而不是他们本能的探索。

真正的育儿智慧，是用好奇心开启深度交流，帮助孩子从说一个问题开始，逐渐延展到更大的认知世界。这种交流可以帮助父母重新认识孩子的兴趣点和成长轨迹，一些意想不到的发现，往往藏在他们的提问后面。

小琳的父母曾经对她的好奇心毫不在意，总觉得她"问了许多与学习无关的东西"。小琳特别喜欢昆虫，生活中看到蚂蚁或者蝴蝶都会兴奋地问："为什么蚂蚁总是拉东西？""蝴蝶是不是一生只能活一天？"

但父母总是敷衍地回答："小东西有什么好研究的，回去好好练习拼音吧！"小琳慢慢对这些问题不再那么感兴趣，只会随意问几句就放弃了。

在一次家庭聚会上，一位懂昆虫的叔叔跟小琳聊了很久关于蚂蚁群落的问题，甚至让她观察了一些自己研究的昆虫标本。小琳在此过程中兴奋极了，告诉父母"我以后想研究这些东西，我也想成为叔叔这样的科学家"。

这让小琳的父母大吃一惊，以前不管怎么激励小琳学习，她都不为所动，居然因为这样一次"不务正业"的交流，就产生了学习进步的动力。原来她的好奇心，其实是与生俱来的兴趣方向。

好奇心是孩子表达个性和爱好的重要出口。父母没有意识到这些提问的深层意义，以至于很容易错过孩子的成长潜力点。重新认识孩子的提问，才能发现他们与生俱来的特质和潜力。

孩子的问题永远不该被敷衍，每一个问题的背后，都藏着一个世界。而父母是否愿意一起探索，取决于爱有多深入。

行动指南：打开孩子的好奇之门

读懂提问中的情感信号

每次孩子问问题时，琢磨一下，孩子是不是想借此机会跟父母聊天沟通，或者表达自己的内心想法。通过观察孩子的语气和表情，试着找到更深层的情感动机，比如某些问题可能源于孩子的焦虑、喜悦或对父母的依赖，根据情绪需求进行准确的回应。

尝试共创性的互动

不要直接给出答案，而是通过互动激发更多交流，甚至是一些动手体验，比如一起做小实验、画假设图或者角色扮演。过程要注重趣味性，让孩子感受到父母的参与。

记录孩子的提问，从中发现兴趣方向

可以准备一个"好奇心记录本"，每次记录孩子提问的内容，并观察是否集中在某些领域，比如自然、生物、太空。这种记录可以逐渐帮助父母发现孩子的潜在兴趣点和发展方向。

用反问引导更深层的讨论

在孩子提问之后，尝试反问："如果是你来解决这个问题，你会怎么办？""你觉得蝴蝶在天上飞的时候，在想什么？"让对话持续延展，孩子会感受到思考的乐趣和深度交流的魅力。

不要过度评价好奇心，减少"学习结果导向"

孩子的问题不需要都是"有用的"，也不需要完成某个任务。父母需要让好奇心成为一种自然而然的表达，让提问本身没有压力，孩子才能真正把问题当作探索的出口。

深化好奇心的现实联结

当孩子提出抽象问题时，可将其与生活场景结合，引导他们在真实体验中寻找答案。例如，孩子问"为什么糖会融化"，可带其观察加热糖水的过程，并借助动画短片解释分子运动原理；若问"鸟儿如何导航"，则用磁铁和指南针模拟磁场感应实验。这种"从问题到实践"的迁移，能让好奇心从空洞的提问转化为可触摸的认知体验，同时增强亲子共同探索的趣味性。

妈妈圈里的信鸽差

信息差 4：

大格局妈妈都在做哪些准备

"保护"还是"暴露",真实世界的善与恶

每个孩子的成长开始于一个温暖的家庭,那里有爱、有安全感,父母会尽力为他们营造一个"理想的小世界",把危险和复杂的世界挡在外面。于是,孩子从小觉得世界充满善意,身边的人都是好心的叔叔阿姨,商店里的商品都理所当然地摆在那里,阳光下的童年可以永远明亮而无忧。

但问题是,这样的保护能持续多久?当孩子走出家庭,进入学校,融入社会时,他们迟早要面对真实世界的不确定性。友善与恶意并存,努力与失败交织,复杂规则与不公平现象随处可见。如果父母对孩子的教育只停留在"保护",而没有帮助孩子建立对真实世界的基本认知,那么他们会在面对世界复杂性时变得手足无措,甚至开始怀疑父母是否隐瞒了事实。

当代父母面临一个特殊困境:在信息爆炸的时代,如何把握"保护"的尺度。有一项英国研究显示,9—12岁儿童平均每天接触的负面信息量是30年前同龄人的7倍,但其中73%的信息未经家长筛选。这种被动的、碎片化的信息接收,比父母主动引导的"暴露教育"更具破坏性。

父母很少在孩子的成长过程中揭示世界的真实状态，觉得提早给孩子揭露世界的真实和复杂会摧毁他们的天真。这也是很多家庭不知道的信息差，家长不知道保护性的回避会让孩子缺乏对善与恶的识别能力，孩子可能会失去理解和适应真实人生的机会。

保护并不等于隐瞒，暴露不等于忽视

许多父母在谈到"暴露"时，总是担心孩子过早接触负面信息会破坏他们的安全感。于是，他们选择遮掩，比如对孩子说"这个世界没有坏人"，或者尽量避免让孩子看到冲突。但这种刻意隐瞒不仅会让孩子对世界形成不切实际的认知，还可能导致他们在未来面对复杂问题时感到无力和困惑，因为他们从未学会辨别和应对。

小希的妈妈就是这样一位保护型的家长。从小到大，小希的生活环境都被营造得完美而平静，任何冲突都被妈妈过滤掉。比如，当家庭里发生争执时，妈妈会对小希说："没事，我们没有吵架，你不用担心。"当新闻里出现社会不公平现象时，妈妈会换台，说："我们别看这些不好玩的东西。"

有一次，小希在学校被同学欺负，她不懂得反抗，也不知道该向老师求助，甚至连告诉妈妈都感到极度紧张，因为她觉得"坏事"是不能被家长知道的。小希妈妈这才意识到，她的"保护"正在让孩子失去面对负面事件的能力。

我告诉小希的妈妈，她需要在生活中有选择地"暴露"更多真实信息，把一些孩子可能会遇到的负面问题放在明面上探讨。这样，孩子在遇到的时候才知道怎么处理、怎么求助，而不是慌乱地自己消化。

小希妈妈现在也会带小希看社会纪录片，帮助她了解不一样的生活环境，同时告诉她："虽然有人会选择做不好的事情，但我们可以保持善意，找到解决方法。"小希慢慢学会了主动表达自己的不满，也能更冷静地面对学校里的冲突。

心理学中的"心理免疫理论"指出，适度暴露负面信息如同给孩子的心理注射"疫苗"，能增强其对现实复杂性的抵抗力。小希妈妈最初的"过滤式保护"，本质上是用成人的焦虑压缩了孩子的"心理适应期"。

一些父母认为"保护"是隔绝，而实际上，适度的暴露才是教育的桥梁。保护并不意味着隐瞒，而是帮助孩子以温和的方式感知世界的真实状态，同时给予足够的支持。

善与恶并存，是孩子理解规则的开始

许多父母倾向于对孩子灌输单一的价值观，比如"好人总会有好报"，或者"努力就一定能成功"。虽然这些看似正向的观念能激励孩子，但它们忽略了真实世界的复杂性——善意不一定总能换来公平的结果。

可能你会说："教孩子向善，难道不好吗？"这就是很多父母秉持的理念，但过度简化的认知可能存在隐患，对孩子讲述单一"善恶逻辑"，的确容易让他们在未来面对复杂的社会规则时陷入迷茫。

辰辰的爸爸在教育上特别注重"正向激励"，比如总是告诉辰辰："你只要按规矩做事，别人就会尊重你。""你只要努力，就一定会成功。"但辰辰逐渐发现，生活并不像爸爸说的那么简单。

当孩子习惯用非黑即白的标准判断事物，他们面对灰色地带时会产生认知混乱。就像辰辰在体育课上目睹同学作弊获得奖励，既不能理解"作弊者为何成功"，也无法处理"举报可能被孤立"的困境。

有一次，他在班级里主动提出了一个分组建议，结果被小队长拒绝了，还被其他同学嘲笑。辰辰非常困惑："我像爸爸说的那样做，为什么他们还不喜欢我？"辰辰因为沮丧，很长一段时间都无法走出来。

爸爸意识到问题后，才尝试带着辰辰重新理解规则。他带辰辰看了一部电影，讲述一个好人因为信任错误的人而导致失败的故事，同时告诉辰辰："世界上有时会有不公平，我们要学会判断和适应。有恶意的人也有可能会得逞，但这一点不能改变我们坚持正直和努力。"

从那之后，辰辰慢慢接受了社会的复杂性。虽然他的建议没有得到全面接受，但他能够更加平静地面对这件事，还主动提出了新的方法，与同学合作完成任务。

信息差的关键是，在有的家庭中，父母常常过于简化善与恶的逻辑，导致孩子在成长中对复杂规则缺乏认知。让孩子看到善恶并存的现实，是帮助他们理解社会规则的第一步。

暴露真实世界，美好才能更有意义

当父母开始适度"暴露"真实世界的复杂性，孩子可能会产生新的认知，知道美好并不是理所当然的，它需要努力、坚持和选择才能存在。只有当孩子理解了真实世界包含善与恶、挑战与希望之后，他们才能够真正珍惜生活中的每一份美好，并带着广阔的格局面对未来的挑战。

小麦从小在一个优渥的环境中长大，生活中几乎没有压力。但她的父母在一次旅行活动中决定带她体验不同的生活环境。他们找了一处偏远山区的徒步旅行，在那里，小麦第一次看到孩子们赤脚走在泥地里，没有丰富的玩具，也没有崭新的书本。

她问爸爸："他们为什么没有这些东西？"爸爸告诉小麦："这个地方没有我们城市里的资源，但他们也很努力在生活，这就是他们真实的世界。"

晚上，爸爸带小麦一起与当地的小朋友做游戏，并和她讨论："虽然这里条件不好，但这里的小朋友是不是也很开心地玩耍？"小麦点点头："他们有很多朋友陪伴。"

这次旅行让小麦对自己生活中的美好产生了新的认识。回到家后，她主动整理了自己的玩具和书本，捐赠给山区的小朋友。她对爸爸说："我以前觉得拥有是理所当然的，但现在觉得不是这样。我帮助他们，能帮别人拥有快乐。"

积极心理学中的"创伤后成长理论"指出，对真实世界的认知能激活孩子的"感恩神经回路"。小麦在山区的经历之所以引发改变，是因为她通过对比产生了"认知失调"，进而重构了对"拥有"的理解。

如果父母过度美化外部世界，孩子就很难体会身边一些美好事物的存在，因为美好生活在真实复杂的对比中才能显现。暴露真实世界，是帮助孩子理解珍惜与责任的教育关键。

行动指南：在"保护"与"暴露"中找到平衡

用孩子能够理解的方式逐步"暴露"现实

当孩子开始问到关于世界的问题，比如"为什么有坏人"或者"为什么有人会欺负别人"，不要回避，而是用孩子能理解的语言回答。可以告诉他们："有些人可能选择了不好的行为，但我们可以选择做好自己。"

通过故事或电影引入善恶并存的逻辑

选择合适的故事书或影视作品，比如讲述正义与邪恶并存但最终个人获得成长的故事，通过讨论帮助孩子认识，善与恶并存是世界的一部分，但我们可以选择坚持善意。

带孩子体验不同的生活环境

带孩子参与公益活动、探访不同地区，让他们看到真实世界的多样性和不完美，引导他们思考美好是如何通过努力和互助存在的。

在家庭中讨论规则的复杂性

多和孩子一起讨论一些家庭和社会中的真实矛盾，比如

"为什么有些规则会让人感到不公平",帮助他们感知和理解复杂规则,并逐步学会面对与适应。

鼓励孩子用行动应对复杂世界的挑战

帮助孩子把他们对现实的认知转化为行动,比如捐赠、分享、互助,让他们在参与中感受真实世界的意义和自己的责任。

创建"现实认知日记",记录观察与思考

准备专门的日记本,鼓励孩子记录生活中观察到的复杂现象,如"同学编造的作文反而获奖",并写下自己的感受和疑问。每周固定时间与孩子讨论日记内容,培养孩子的批判性思维。

开展"角色互换"游戏,模拟应对策略

通过角色扮演游戏,让孩子体验不同社会角色在复杂情境中的选择。例如,模拟"商场走失"场景,让孩子分别扮演走失儿童、售货员、保安,讨论"如何辨别好人与坏人"。

社会责任感是一种稀缺的教育信息

在许多家庭的教育计划中,我经常看到家长把培养孩子的学习能力、艺术才能、竞争力当作目标,但是,很少有父母会主动提到:"我要在孩子心里种下社会责任感的种子"。

这并不是因为他们不重视责任心,而是他们觉得"社会责任感"离家庭教育很遥远,认为那是成年人要去关心的议题,是能够在未来自然养成的品质。但事实恰恰相反,社会责任感并不是成人阶段突然冒出来的,它的起点就在孩子的童年,这也是很多家长忽视的信息。

就像小区里的李阿姨,她给女儿报了三门兴趣班,却从没教过孩子电梯里遇到快递员要帮忙按楼层。直到有次女儿把外卖小哥关在电梯外还笑嘻嘻,她才惊觉孩子缺乏最基本的同理心。

责任感的形成不是被动的,而是主动培养的结果。如果一个孩子从小没有机会接触社会责任的概念,他们对社会问题的认知、对公共事务的关心、对共同利益的理解,都会受到局限。而这种局限,最终会成为孩子在人生格局和眼界上的短板。

培养孩子的社会责任感,既是对他们能力的培养,也是对他们人格的塑造。

💭 责任感的起点，从孩子身边的小事开始

责任感并不一定是一件宏大的事情，它的起点可以很小，就藏在孩子日常生活中的细节里。孩子有没有主动承担家庭小任务，能不能在公共场合遵守规则，愿不愿意关注身边人的需求，都是培养责任感的开始。

小乐是一个5岁的男孩，他的妈妈为他的两个毛病苦恼不已，第一个是小乐从来不愿意帮忙整理玩具，第二个是他在别的小朋友争吵打架时总是表现得很冷漠。妈妈觉得小乐非常自我，缺乏责任心，但她并不知道该如何改变他。

有次家庭聚会，小乐把瓜子壳撒得满地都是，舅舅当着他的面蹲下收拾，边捡边说："要是有人帮我一起收，咱们就能快点吃蛋糕啦。"小乐犹豫着加入后，舅舅立刻把他的小手举得高高："大家看我们的小管家多厉害！"这个瞬间让小乐第一次感受到承担责任带来的成就感。

我建议小乐妈妈从日常生活入手。"别用责备的方式命令孩子要承担责任，而是慢慢让他参与一些小任务，比如把整理玩具变成一项共同进行的游戏。"

于是，小乐妈妈开始和小乐一起比赛整理玩具，并告诉他："玩具要摆放整齐，才不会丢掉零件。"让孩子在这一过程中体会到整理的意义。小乐逐渐熟悉后，甚至还在幼儿园主动帮小朋友收拾东西。

一个周末，他看到邻居小朋友的自行车倒在地上，竟然主动帮忙扶了起来。妈妈对此感叹："原来责任心是可以从小事一点点培养起来的。"

养成责任感并不一定需要复杂的教育模式，它的起点可以很小，比

如从帮助身边人、完成简单任务出发，这种具体实践会慢慢成为孩子人格中的一部分。

关心他人，责任感背后是对社会的感知

孩子有社会责任感，不仅表现在能履行自己的责任，也表现在能关注到他人的需求。很多孩子在成长中往往习惯了关注自己的世界，比如自己的玩具、自己的喜好、自己的行为，但缺乏对周围人或群体的感知力。父母如果能帮助孩子打开"他人感知"的窗口，他们的责任心将会逐步扩展到更大的社会范围。

小茹是个10岁的女孩，因为是家里娇宠的独生女，这个大家庭总是围绕着她来运转。家里的饭菜总是按照她的喜好安排，去餐馆吃饭她一定坐最舒服的座位。等孩子上学后，父母就开始担忧，因为他们发现小茹很少主动帮助其他同学，甚至不太愿意和同学一起参与集体活动。

改变始于一次雨天接放学。妈妈特意没带伞，当小茹抱怨时，妈妈指着校门口互相撑伞的同学说："你看那个穿黄雨衣的女孩，她正把伞倾向生病的同学那边呢。"这个观察游戏让小茹突然发现，原来身边处处存在着温暖的互助。

后来，我建议小茹的父母不要直接责备她自私，而是一点点帮她养成关注他人的能力。"你们之前太关注孩子了，所以孩子习惯了不关注别人。这不是自私，而是她的视角太狭窄了。"我说。

回去后，爸妈在家里安排一个"轮值家务计划"，让小茹负责一个小任务，比如帮家里每个人都盛饭，并告诉她："我们每个人都需要彼此的帮助，这样才能过得更舒服。"妈妈还开始带小茹参加社区活动，

比如在社区绿化中帮忙种树，或者看望孤寡老人。

在养老院，有位奶奶拉着小茹的手说："我孙女和你一样大，可她住得太远啦。"小茹突然主动提议："我每周都来给您读报纸好吗？"这个承诺她坚持了整整半年，直到老人被子女接走。

在这些活动中，小茹逐渐意识到自己可以在别人的事情上做很多贡献。某次活动结束后，她竟然主动问妈妈："下一次我们是不是还可以去帮忙？"

小茹慢慢学会了关注他人的需求，她在班级中也开始主动关心同学，帮学习上有困难的同学复习功课，成为班级里很受欢迎的人。

很多父母对孩子的责任感培养停留在"完成自己的任务"的层面上，而没有帮助孩子感知到更多的社会互动需求。社会责任感的真正成长，来自他们开始关注他人，从自我扩展到更大的格局。

🌥 肩负社会责任，让孩子懂得与世界同频共振

社会责任感，是一种与更大的公共利益连接的能力。它不仅与孩子的性格养成有关，也是一种人生认知的提升。孩子会逐渐理解，自己不仅是一个独立个体，也是社会的一部分，需要对共同的资源、环境，以及群体利益负责。这种能力，最终让孩子学会在复杂的世界中更好地共担责任，而不是只关注自己的问题。

小轩的例子非常具有启发性。他是一个特别聪明但有点懒散的孩子，从来不关心环境问题，也不愿意参与任何需要"付出"的行动。在学校组织学习垃圾分类的活动时，他曾说："我在家都不做这些事，我为什么要帮忙？"这件事让小轩的老师感到非常头疼。

转机出现在暑期夏令营。带队老师让孩子们在溪边捡垃圾时，小轩发现被塑料环卡住喉咙的小鸟。当他颤抖着解开那个勒进皮肉的垃圾时，小鸟在他掌心咽了气。这个冲击性的场景，让他突然理解到"随手一扔"的代价。

后来，老师发现小轩这种情况还并不少见，很多孩子都不理解节约资源、垃圾分类的重要性。老师专门加了一堂课，带大家看了关于地球的纪录片，以及垃圾污染、资源浪费对自然与动物的影响。当孩子们看到北极熊妈妈带着宝宝，在冰川消退的大陆上找不到合适的地方捕食，只能去翻人类的垃圾桶，最终饿得奄奄一息时，不少小朋友都哭了。小轩也沉默了很久，他终于体会到了自己的行为和世界的连接，原来自己的一个举动，就能影响到许多动物的生存。

从那以后，小轩开始对公益活动感兴趣，还主动参与了学校组织的环保项目。妈妈对此感到惊讶："以前他只关注自己的兴趣，现在看起来，他好像变成了一个有社会责任感的孩子。"

很多父母让孩子长期停留在"小我"的关注上，而没有告诉他们"你与世界是连接的"。帮助孩子理解自己的社会责任，会让他们慢慢懂得与世界的共同利益产生连接，并学会更大的共担。

行动指南：在家庭中培养孩子的社会责任感

从家庭小任务开始，培养责任基础

把家里的任务分给孩子，比如整理餐桌、帮家人收拾衣物，让他们慢慢感受到责任的意义。可以通过奖励机制鼓励他们逐渐承担更多责任。

引导孩子关注他人的需求

在日常生活中，通过具体场景让孩子观察他人的需求，比如主动给家里每个人盛饭，或者帮助邻居解决问题。让他们从关注自己扩展到关注他人。

带孩子参与社区或公益活动

定期带孩子参加学校或者社区组织的活动，比如捐赠物品、环境保护，或者为困难家庭提供帮助。让他们通过真实的行动感知自己的社会价值。

故事和对话让孩子学会"共担"

给孩子讲一些关于公益或社会责任的故事，比如帮助当地社区的志愿者，或者环保活动里的改变，并通过对话让他们思考："如果你来做这件事，你会怎么帮助别人？"

鼓励孩子设计自己的责任计划

让孩子规划一些他们可以完成的责任项目，比如为学校提出一个节能倡议，或为社区设计一个帮助他人的活动。这种参与感会让他们更主动地承担社会责任。

创建责任可视化家庭看板

在客厅设置一块责任看板，用磁贴记录家人的社会责任实践：孩子帮邻居取快递、参与社区植树、整理旧书捐赠等，每项实践对应一颗"责任星"。每月末全家统计星星数量，将其转化为"家庭公益基金"（如10颗星＝10元），用于购买公益物资或认养环保项目。

开展跨代际责任对话活动

定期邀请祖辈参与家庭讨论，围绕"过去与现在的社会责任"展开对话。例如，让爷爷讲述"年轻时如何保护农田生态"，引导孩子对比现代环保问题；请外婆分享"物资匮乏时期的节约习惯"，与孩子探讨"当下如何避免食物浪费"。

做自己的勇气：被主流信息掩盖的个性价值

从孩子出生起，许多父母就开始寻找一条标准化的成长路径。问题是，这条路径从何而来？大多源自主流信息的轰炸。所有"成功的孩子"都学钢琴、游泳、编程，成绩的好坏决定未来的走向。渐渐地，孩子变成了一个被套模定型的"小标准答案"，他们的个性价值被主流模板压缩得所剩无几。

这种标准化形成一种信息差，让许多家长忽略了孩子独特的个性价值。遵循主流信息来培养孩子，往往让孩子看起来"完美"，却剥夺了他们成长为自己的勇气。

如何帮助孩子走出这个信息差，成为一个有勇气、有个性的自己？

每个孩子都能成为"成功模板"吗？

家长群里，某妈妈说孩子的钢琴考了八级，另一个妈妈立刻接话："我们最近刚报了编程兴趣班，听说以后会特别有前景。"最后，总有家长感叹："我家孩子什么都不会，越来越跟不上。"

在这种主流信息的裹挟下，家长们不自觉地为孩子套上了"成功模板"。他们开始把同龄孩子的行为和成绩当作标准,让孩子去追赶或模仿,却忽略了每个孩子的成长节奏和路径都不同。很多人都说"大部分优秀的孩子都这样做",实际上模板化的成长方式只适合少数孩子,只是这些孩子的特点太一致,导致相关教育方法的声量很大,营造出一种"信息茧房"。大多数孩子都有自己独特的个性,一定会或多或少地对标准教育模板表现出不适应。

小柯的妈妈曾陷入自己身边的"信息茧房"中。她看到同班的孩子都在学习编程,觉得"不能让孩子也是个普通人",便强行给小柯报了编程班。可小柯在课堂上总是坐不住,甚至因为一直出错而变得怯懦。妈妈一度非常生气:"为什么别的孩子都能专心学,你却连基础都学不好?"

直到某次,小柯的老师告诉她,孩子在班级美术展上画了一幅极具创意的作品,还设计了属于自己的卡通形象。老师建议妈妈尊重小柯的艺术天赋,鼓励他往艺术方向发展。妈妈才意识到,自己对孩子的培养不是不够努力,而是因为没看到孩子的个性价值。

主流信息总是以模板化的成功引导父母,反而导致家长忽视了孩子的个性和独特性。帮助孩子找到自己的方向,比追赶别人的道路更重要。

个性是动力的根源,标准化会磨灭成长的兴趣

每个孩子都有自己独特的兴趣点,也许一些孩子爱拆家里的小玩具,有些孩子痴迷于看生物科普视频,有些孩子喜欢用画笔表达内心的情感。这些纯粹的兴趣背后,往往隐藏着个性价值的萌芽。但主流教育

的标准化流程，却可能让孩子对自己真正的兴趣逐渐疏远，甚至厌倦。

小然的故事让我印象深刻。小然是一个对自然特别感兴趣的孩子，每次回家都要带一把树叶、一块石头，甚至喜欢观察蚂蚁搬食物的过程。妈妈起初觉得这种爱好没有意义，便强行让小然去学围棋，希望她能培养"思维能力"。小然虽然表面上配合，但上课时常常走神，甚至开始讨厌围棋课。

后来，妈妈注意到小然的兴趣似乎始终停留在自然观察中，便带她去参加了一次科普活动。在活动中，小然表现得非常积极，并成功参与了一个小实验项目。妈妈这才意识到，标准化的围棋课程并不适合小然，她需要的是一种能够尊重她对自然的好奇心的探索环境。

她给小然报了一个生物实验兴趣班，慢慢发现小然在课程中变得更加专注，甚至主动查资料，设计属于自己的小实验。妈妈惊讶地说："我原以为她只是在瞎玩，现在才发现这是她真正的兴趣。"

如果父母习惯于用"有用的技能"去定义孩子的成长需求，就容易忽略兴趣和动力才是成长最有效的燃料。如果兴趣被标准化磨灭，孩子的学习动力也会随之变得被动，甚至消失。

勇敢做自己，是孩子的心理力量

被主流信息裹挟，会让孩子陷入对自我价值的怀疑。他们看到周围的孩子都遵循同样的成长路径，却发现自己与这些标准不符，就会开始怀疑："是不是我很差劲？是不是我不够好？"这种心理压力，其实是标准化教育模式给孩子带来的一个隐性压力。

小璐是一个性格敏感、观察能力很强的孩子，特别喜欢写故事，但她的父母觉得写作在未来的发展可能性太少，并没有鼓励她去坚持这一兴趣，而是让她专心在学业上，以提高成绩为目标。

小璐在很长一段时间里，都不敢提自己的爱好，觉得喜欢写小故事是一件"不务正业"的事。直到一次家庭聚会上，她悄悄写了一篇关于自己家的趣味故事，受到亲戚们的一致赞赏，这让她喜出望外。她鼓起勇气向妈妈诉说："我真的很喜欢写故事，我想以后写网络小说，是不是很丢人？"妈妈这才意识到，小璐在强压下其实已经背负了很大的心理压力，一直在压抑自己的表达欲，甚至产生了自卑感。

妈妈逐渐放手，允许小璐在课余时间写作，还主动帮她联系了一位知名的写作老师上课。一段时间后，小璐变得更加自信，开始给学校的文学社投稿，还在其中结交了很多志同道合的朋友。

如果父母总用外部标准衡量孩子的价值，孩子也会依据这些来评价自己，一旦发现差异，就容易自我怀疑。只有鼓励孩子勇敢做自己，他们才能在寻找到自我价值的过程中建立坚韧的心理力量。

行动指南：保护孩子的个性价值

观察孩子的兴趣，尊重他们的内在动力

记录孩子最喜欢做的三件事，观察他们在活动中表现出来的专注力和快乐感。对于这些兴趣，尝试用"不打扰"的方式给予支持，而不是用"没用"的评价去打压。

鼓励孩子尝试，找到适合自己的领域

在孩子成长阶段，鼓励他们接触各种不同的活动，比如运动、艺术、科学探索等，让他们自由选择最喜欢的方向，而不是限制在单一技能的模板里。

减少比较，建立个性化教育视角

当父母看到别的孩子在某项领域表现突出时，不要急着用比较的方式给自己的孩子施压，而是反思"我的孩子是否有其他独特的优势"，多用"你喜欢什么"而不是"你应该学什么"的角度和孩子沟通。

鼓励孩子表达想法

在家庭中主动询问孩子的观点，多问"你觉得这件事该怎么处理""你有什么想法"，让他们感受到自己独立的声音被尊重，鼓励他们在社会环境中也敢于表达自我。

不完美的教育才是最好的教育

在我们的潜意识里,总会追求一种"完美的教育"。我们希望自己能成为"完美的父母",希望孩子能够符合理想中的成长路径,乖巧、优秀、没有缺点。于是当现实与想象不符时,焦虑随之而来,教育的瑕疵被放大了,孩子的问题变成了父母失败的标志。家长们开始追问:

"为什么我的孩子不够专注?"

"别人家的妈妈总是那么有耐心,我是不是不够好?"

"孩子的性格太倔了,要是能改掉这个毛病就好了。"

……

我们可能忽略了一个重要的事实:不完美的教育,才是最好的教育。孩子并不是一个可以被"完美培养"的存在,他们是独特的个体,是由天赋、不足、个性和差异共同构成的复杂生命。而父母,也是一个在逐渐学习,积累经验并不断改进的角色。教育的真正目标,不是消除问题,而是带着问题促使孩子和父母一起成长。

孩子的瑕疵，是成长的必要土壤

每个父母都会希望自己的孩子"更好一点"，但这个"更好"，往往变成了过度放大不足。家长总盯着孩子的缺点，就越来越觉得孩子不够专注、不够勇敢、不够合群、不够自律……总想快速"修复"这些不完美，但没有这些差异和不完美，你的孩子，还是他本来的样子吗？

云云是一个特别慢热的孩子，在幼儿园里不喜欢主动和同伴互动，总是一个人玩玩具。妈妈非常担心，觉得云云"性格内向"，是一个必须改变的问题，于是尝试各种方法帮助她变得更外向，比如强迫她去参加同伴游戏，给她安排更多社交机会。可是，妈妈越努力，云云就越抗拒，甚至不愿意跟同伴说话。

转机出现在幼儿园的植物角。云云主动承担了给多肉植物浇水的任务，每天安静观察叶片变化。老师把她的观察日记贴在展示墙上，其他孩子好奇围观时，云云竟主动讲解："这棵熊童子的绒毛能保护它不被晒伤。"这种基于兴趣的社交突破，让妈妈意识到内向孩子自有独特的表达方式。

我告诉云云妈妈，不要强求，尊重云云的慢节奏。性格在儿童成长早期就在不断被发展塑造，内向的孩子，可能更擅长"向内思考"，云云在自己玩的过程中，给自己构建了一个同样复杂的"小世界"，这样的孩子更擅长深度思考并处理具有挑战性的难题。交往不是被逼迫出来的，而是自发的，通过引导和陪伴，孩子也会找到自己的节奏。

她开始陪云云一起玩她喜欢的小玩具，并观察她的交流方式。妈妈发现，云云并非没有朋友，她有几个固定的好朋友，而且云云也会在交往中与人分享、照顾他人。

发展心理学认为，每个孩子在社交行为、语言表达、情绪管理等方面存在天然的个体差异。瑕疵并非"缺陷"，而是孩子性格和行为发展的重要表现。父母不应把瑕疵视为"问题"，而应该以支持的方式观察其背后的成长潜力。当孩子感到自己的"慢"或"不同"被接纳，他们才能安心地在自己的节奏中生发力量。

父母的"不完美"，也是教育的切入点

除了不完美的孩子，还有不完美的家长，也会让家长自己觉得焦虑。很多父母在教养孩子时，都会格外在意自我评价，没事就反思自己："我是不是不够好？""是不是我的耐心不够？""为什么我总是做不到更完美？"有反思的意识是很好的，这比忽视问题、一意孤行的态度要科学得多。不过，不用担心做父母是否会"不完美"，没有真正的完美家长，这些缺点并不会阻碍孩子的成长，相反，它们是教育过程的一部分，甚至是一个重要的切入点。

小轩有一个特别爱唠叨的妈妈。每次小轩犯错，妈妈总会忍不住长篇大论，滔滔不绝输出半小时。妈妈自己也知道这样让孩子反感，但越是想忍住，她越控制不住自己的唠叨。

某次家长会上，老师播放孩子们"最想对父母说的话"视频。小轩对着镜头挠头："我妈讲道理像唐僧念经，其实只要给我画个重点就行。"全场家长哄笑中，妈妈红着脸记下了"画重点"三个字。

一次聊天中，小轩终于忍不住说："妈妈，你讲这么多，我一句都听不进去！"妈妈惊愕之余，开始意识到自己的唠叨可能不是解决问题的最好方式。她对小轩坦诚地说："妈妈有时候说得太多了，我知道这

让你觉得烦,我们可以试着用你喜欢的方式交流。"

小轩提出,"你只要告诉我我做错了什么,下一次该怎么做就好了。"妈妈虽然觉得有点难,但还是尝试练习简短地表达。慢慢地,她发现沟通变得更有效率,而小轩也因为妈妈诚恳的调整变得更加配合。

榜样之所以重要,不仅是因为榜样的成功成为大家的标杆,也是因为榜样在调整自己行为的过程中,能让人学到东西。父母的不完美向孩子展示了所有人都会犯错,犯错后要积极面对并尝试改进。这种坦诚能让孩子学会面对自己的错误,降低对"失败"的恐惧感,变得更加勇敢。

打破"完美模板",让孩子建立自己的价值体系

你会发现,主流教育中,父母和孩子都受到"完美模板"的裹挟。似乎孩子必须成绩优秀,特长突出,性格讨喜,父母必须耐心无限,有科学的教育方法,能平衡事业与家庭。

这让孩子和父母都逐渐迷失在对"无瑕疵"的追求中,陷入焦虑和疲惫。而放弃追求完美,建立自己的价值体系,这样做不仅避免盲目与人比较,还能让孩子建立一个稳定充盈的内核,对孩子的成长更有益。

小璐是一个小学二年级的女孩,妈妈总是将她和班级里的好学生对比,比如成绩好的班长、社交能力强的体育委员,再让小璐向别人学习。小璐因为这些比较感到压力巨大,每次拿到成绩单都会问妈妈:"我这次是不是发挥得不够好?"而妈妈因为她的焦虑,也同样陷入自责:"是不是我没有帮她做到最好?"

我发现,母女俩的沟通和交流都是正常的,小璐并没有因为妈妈的

比较而沮丧，变得叛逆、不愿听话，而妈妈也没有动辄失望，大吼大叫。这说明，她们都内化了那一套"跟优秀的人保持一致"的观点，所以才处于一样的焦虑中。这时候，问题没出在家庭沟通上，出在观点认知上。

我建议妈妈先调整自己的教育观念，不再追求让小璐比肩"完美模板"，而是帮助她建立自己的价值体系。

妈妈开始每天向小璐提问："今天你觉得自己最满意的是哪件事情？""你发现没有，你很擅长解决这类问题！"妈妈作为成年人先开始改变，再用引导逐渐让小璐看到自己的独特优势，比如她的耐心和观察力。渐渐地，小璐的完美主义焦虑有所缓解，开始在自己的成长轨迹里找到更多满足感。她告诉妈妈："我不需要和别人一样，我可以把自己的事情做得很好。"

现在小璐的书桌上贴着自创的"成长进度条"：不是分数排名，而是"独立完成科学实验次数""帮助同学解决问题数量"等个性化指标。这种可视化自我管理体系，让她从"追赶者"变成了"自我赛道"的领跑者。

成长型思维理论也有类似的观点，父母要帮助孩子在成长过程中关注他们的进步和努力，而不是单纯与外部标准对比。通过认可孩子的努力和个人优势，父母能让孩子在成长中建立内在驱动力，而不是依赖外部评判体系。这种内在驱动力是价值体系形成的基础。

行动指南：用一整套方法打造"不完美"的教育

接纳孩子的"瑕疵"，用观察取代纠正

每当孩子表现出某些"不完美"时，比如拖延、不合群或胆小，家长不要急于纠正，而是学会观察这些行为背后隐藏的信息。可以问自己，孩子的表现是不是一种成长信号，比如，孩子拖延可能是没有看懂任务该怎么做，胆小可能反映出对环境的不熟悉。

从日常互动中找到调整机会

如果孩子胆小，就陪他从简单的小挑战开始，比如在安静环境中与陌生人打招呼。如果孩子不专注，就尝试帮助他学习短时间任务管理，比如完成15分钟的小作业。每一个看起来不完美的地方，都可以成为孩子新的成长起点。

帮助孩子发现自己的独特价值

每周设置一次"价值发现讨论"，让孩子找寻自己的优点，比如"今天做得最好的事情""自己最特别的地方"。帮助孩子建立积极的自我评价，而不是依赖外部的定义。

面对自己的不足,示范如何改善

当父母在教育中犯错时,比如急躁、唠叨或不耐烦,主动向孩子坦承:"我今天没有做得很好,但我想试着改进。"也可以邀请孩子一起完成"家长改进计划",不仅家长能更清晰地表达自己的需求,学习控制情绪,孩子也能从中学习如何改进。

建立"接受不完美"的家庭文化

在家庭里创造一个"接受不完美"的氛围,比如允许家中有小错误发生,让孩子明白持续改善比不犯错更重要,用这种家庭文化支持孩子,营造心理安全感。

隐藏的社会规则：会合作的孩子更优秀

近几年，社会竞争加剧的状态让很多家长下意识地把"成绩好"作为孩子优秀的唯一标准，仿佛分数就能决定一切。

但真实的社会规则告诉我们，一个人在离开校园后，能否走得远，并不取决于他在校评表上的成绩有多漂亮，而在于他是否能够在人际交往中找到自己的位置，能通过与人合作来解决复杂的现实问题。

孩子是否拥有合作意识和社交能力，才是决定未来人生格局的关键因素。这一点往往被家长忽视。

从学校步入社会，人与人的竞争已不再单纯是智力的较量，而是综合能力的较量和合作精神的比拼。成绩好的孩子未必脱颖而出，会合作的孩子才更容易找到立足之地。

误区一：成绩好就能解决一切

成绩好真的能定义孩子优秀吗？莉莉妈妈的经历让我们看到了一个普遍的家庭教育误区。

莉莉上六年级，她的成绩在班里长期名列前茅，尤其是数学和英语，经常拿满分。莉莉的妈妈也因此为孩子感到骄傲，经常对亲戚朋友说："我家闺女学习多自觉，不需要我管。"

最近的一件事却让她对自己的教育观念产生了动摇。莉莉的实践课项目是全组同学合作完成一个任务，主题是"光盘行动：如何解决学校食堂的浪费问题"。作为组长的莉莉不好意思安排别人来做，也对别人的工作不放心，干脆自己设计数据表、自己统计学生意见，甚至自己动手绘制海报。

但是，一个组的任务让一个人完成，怎么可能尽善尽美呢？莉莉小组的最终成绩并不高。而在班级的另一组，成员分工明确，大家各尽其职，方案内容丰富，组内每个成员也都得到了老师的肯定。

莉莉回家后情绪很低落，哭着对妈妈说："我明明比别人都做得多，他们为什么没给我打高分呢？"莉莉妈妈一开始也为孩子不平："你的努力，妈妈都看在眼里……"

不过经过深思之后，她意识到，孩子可能隐藏了一些信息。既然是小组合作，为什么需要莉莉做这么多事？经过追问，莉莉妈妈终于还原了事情全貌。

有的孩子虽然成绩优异，但并不懂得如何与他人合作、调动别人的优点，甚至连倾听同伴的建议都缺乏耐心。个人能力强并不意味着能够带领团队成功，合作能力才是团队成功的关键。

进入AI时代，合作能力是孩子未来社会适应力的重要组成部分。有效的合作要求孩子具备沟通、倾听、团队意识等多方面的综合能力，而这些能力往往无法从成绩单中体现，却是社会真实竞争环境中极为重要的技能。

误区二：合作和竞争是相对立的

许多家长有一种认知误区，以为竞争和合作是对立的，要么培养孩子"多赢"，要么告诫孩子"胜者为王"。殊不知，社会的复杂性恰好在于合作和竞争往往交织在一起，而孩子如果缺乏对这种关系的理解，就很难在现实生活中游刃有余。

东东在班里的成绩属于中等，同时在学校的足球队里担任队长。他的爸爸对他的表现并不满意，觉得踢足球"没出息"，反复和妈妈抱怨："他要是把踢球的劲头用在学习上，成绩早就上去了，别整天搞这些没用的。"

可在一场家长会上，东东的老师却对他的表现给予了很高的评价："东东是我们班上最会解决问题的孩子。他不仅能在足球场上指挥队员各司其职，还能帮助队员保持积极心态。每次有小组任务，他也是全班最会化解组内矛盾的学生。"

看着东东拿回家的"团队能力风采奖"，曾经固执己见的爸爸终于重新审视了他的儿子。他第一次意识到，原来踢足球不仅是比赛，还让东东学会了如何协调团队内的资源，如何给出鼓励和支持。而在职场上摸爬滚打的爸爸非常清楚，这些能力不仅可以体现在足球场上，也能应用在未来社会的竞争中。

现实生活中，大多数合作是建立在共同目标上的，优秀的个人在这个过程中，既能够参与竞争，又能够团结团队完成目标。家长的任务不是让孩子"选择合作还是竞争"，而是帮助他们找到两者的平衡，通过合作提升团队竞争力，通过竞争激发团队潜力。

😊 误区三：孩子不需要情感连接，只需要做好自己

合作在很大程度上依赖于情感连接，这是许多家长容易忽视的一个关键点。很多父母一味强调"做好自己，别被别人影响"，却忽略了孩子在群体中与他人建立情感连接的重要性。

乐乐是个标准的"乖孩子"，每次写作业和考试，她都能表现得一丝不苟。但当需要和同学共同完成任务时，她经常会感到不知所措，甚至会刻意回避和别人接触。有一次，学校组织志愿者活动，全班需要分组布置活动物资，乐乐选择了看起来最"独立"的工作，一个人负责物品登记。最后，她因为不懂得如何协调不同组之间的工作进度，导致物资分配出现混乱，差点惹出麻烦。

乐乐的妈妈跑来问我："孩子明明很努力地在做事，但为什么最后总是容易'掉链子'？"

我告诉她："合作需要的不只是分工和执行，还需要通过情感连接与他人建立信任。乐乐总是不愿意主动跟人沟通，回避交流，同学们也能感受到，所以也会回避跟她交流。一旦遇到需要配合的任务，就会出问题。"

教育的本质是为了让人更好地融入社会，而社交能力是每个人社会化过程中最重要的能力之一。合作不仅是完成任务，更是一种在人群中找位置、建立关系的能力。孩子从小学会倾听、共情和关怀，才能明白，优秀不仅在于一个人的能力，而且在于如何与他人共同发挥自己的能力。

行动指南：缩小认知信息差，培养孩子的合作能力

通过优质教育信息拓宽认知，理解合作的重要性

家长要主动获取来自教育专家、心理学研究的权威信息，了解合作能力在未来社会中的重要性。比如阅读关于团队管理和社交能力培养的书籍，或关注相关教育讲座，这样可以避免误认为"合作只是锦上添花"。父母的认知升级，是培养孩子合作意识的第一步。

选择能培养合作意识的团队活动

信息差会让家长误以为"学才艺""考高分"是全面发展的核心，忽略了孩子是否具备团队合作的能力。在给孩子规划活动时，应该优先考虑能提高团队意识的项目，比如团队运动、课外社团或小组研究类课程，而不是单纯强化个体竞争的活动。

用真实的社会场景让孩子体验合作的价值

生活中的真实场景是更好的练习场所，可以设置家庭合作任务，比如让孩子和父母一起完成旅行计划或布置节日活动，让他们感受到"一个好结果需要群体共同努力"的价值。

理解冲突处理背后的信息

社交合作的能力不仅是配合他人完成任务,还包括管理冲突和解决问题的能力。家长要了解一些关于冲突管理与沟通技巧的知识,当孩子陷入分歧时,与他们一起复盘问题,帮助他们掌握协调外部资源、寻求支持,理解他人需求,去化解矛盾,而不是简单告诉他们"听别人的"或"坚持自己就好"。

建立"合作成长档案",记录点滴进步

准备专门的档案册,记录孩子在各类合作场景中的表现与成长。可以是学校小组项目中的贡献、社区合作活动的经历,附上孩子的感受、伙伴的评价及家长的观察。每月和孩子一起回顾档案,如"你这次在小组讨论中提出的创意很棒,大家都很认可"。

竞争不是一场"零和游戏"

提到竞争，我们的第一反应是什么？或许就是"赢"或"输"，"成功"或"失败"，总之都是对立的名词。尤其在孩子的教育中，竞争似乎成了一场"零和游戏"，考第一名意味着别人必须排在后面，抢到资源意味着别人必须失去机会，赢得比赛意味着对手必须输掉。这种非此即彼、你争我夺的竞争观，正悄悄地影响着孩子的行为模式。

竞争真的只能有一个胜者吗？在有限的资源之外，竞争是否可以变成一次合作共赢？心理学和现代教育理念告诉我们，竞争不一定是零和游戏，它也可以是正和游戏，通过沟通、合作和共享，每个参与者都能从中获得成长。

如果我们灌输的是"不成功便失败"的观念，孩子很可能会变得过度争抢，或者对竞争本身产生恐惧；如果我们教他们在竞争中寻找共赢的可能，孩子就会逐渐学会尊重他人，建立更大的格局与眼界。

竞争不是"打败别人"，而是"挑战自己"

在许多比赛或考试中，竞争常常被定义为"战胜他人"。但这种定义有一个隐患，它让竞争的焦点从个人目标转移到他人身上，孩子会把自己的表现与别人直接绑定起来，开始以"别人失败"为自己的成功标准。这种思维不仅会局限他们的发展空间，也会让他们逐渐对失败产生恐惧。

小函是一个特别喜欢参加学校比赛的孩子，但凡有活动，她总是第一时间报名。然而，她最大的困扰是失败。每次比赛得了第二名，她都会回来不开心地说："我失败了！怎么还是别人赢了？"

妈妈试图安慰她："第二名也很好啊！"然而不管怎么说，小函总觉得只有第一名才是成功。

后来，妈妈换了一种引导方式。她告诉小函："比赛不仅是为了赢，更是为了挑战自己。如果你比上次有进步，那就是成功。"她还带着小函一起分析比赛过程中的优点和不足，比如某次手工比赛，她带小函回看自己的作品，并问她："你觉得自己哪里做得比上次好？"

小函开始学会用进步来衡量自己的表现，而不是仅仅盯着结果。她对比赛的态度也慢慢发生了变化，不再强求赢得名次，而是开始关注自己的进步。有一次，她主动对妈妈说："虽然我没拿到第一，但这次我做得比上次好，我觉得很满意！"

竞争的意义在于促进个人成长和激发内在驱动力，而不是外部比较带来的优胜感。如果孩子的竞争目标变成"打败别人"，那么他们的动力会建立在他人失败上；但如果竞争的目标是挑战自己，那么他们的成长空间会更加广阔。

竞争不是"孤立对抗"，而是"合作共赢"

在传统竞争观念中，竞争的另一核心问题是"孤立思维"，每个人都在为自己争资源，彼此之间是对抗关系。事实上，竞争中的合作是可能的，这种合作不仅能改善人的关系，还能让整体表现更好。

竞争并不一定是单纯的输赢对决，它也可以成为共同提升的机会。

小涛是学校里的"足球小将"，他总是想在足球比赛中进球。但队友却觉得他很难合作，因为他总是对其他队员表现得很不耐烦："你们这样我们会输的！"最后，比赛虽然赢了，但队友对小涛颇有微词，小涛也常常觉得自己太累。

小涛爸爸跟我讨论过这个问题后，回去跟孩子说："比赛不是你一个人的事情，队友的表现也是关键。如果你能帮助他们更好地配合，你们就更容易赢。"

爸爸还帮小涛一起设计了一个新战术，让他主动提议和队友一起练传球，在比赛中鼓励队友完成这个战术。

比赛结束后，队友们第一次主动围着小涛说："我们一起赢了！太棒了！"小涛也发现，和队友合作比单打独斗更轻松。

团队中的协作不仅不会削弱个人能力，反而能够通过共同努力提升整体表现。这种合作模式让竞争变得更积极，孩子学会通过支持队友来达成目标，也会逐渐理解竞争的真正意义是共同进步，而不是独自争胜。

竞争不是在有限的资源里争抢，而是"创造价值"

零和思维的另一个特点是，把竞争视为一种资源争夺，如果一个人得到了，另一个人就失去了。但是，实际情况非常复杂，竞争中的资源并非固定不变，而是可以通过创造扩大的。所以，要让孩子意识到竞争不仅是对现有资源的分配，更是对机会和价值的创新，大家可以在竞争和合作中，一起"做大蛋糕"。

小琪总觉得学校里的资源需要"争抢"，比如一些比赛的机会，或者获得老师关注的事，总有很多人积极争取，而她常常落败。

这让小琪越来越厌恶竞争，她觉得这样很没意思，也很沮丧。小琪经常向妈妈抱怨："我就是不如那些优秀的学生，总是没有好机会！"

妈妈把这件事告诉我，我建议她帮助孩子"做大竞争区域"。当孩子只盯着学校班级里的"一亩三分地"，自然会觉得资源有限，而这种激烈的竞争和失败的感受，很容易影响孩子以后的选择，让她产生下意识的竞争厌恶和回避。家长可以帮助孩子主动找到新的可能，让她在现有的环境之外创造机会，去换一个场合体会竞争。

妈妈鼓励她利用自己的特长寻找新机会，小琪擅长写作，妈妈就帮她报了一个夏令营活动，小琪不仅跟着大家一起去采风，还获得了老师的指导，作文最后在一家少儿杂志上刊登了出来。小琪第一次在比赛中获奖，给她带来了很大的自信。后来，她主动向老师申请成立一个"作文兴趣组"，吸引了不少同学加入。

通过主动创造新机会，孩子能得到更多资源，而不是只能关注"别人抢走了什么"。在心理学上，建设性竞争理论认为，资源并不是固定的，参与者可以通过创造新价值来拓展资源边界。当孩子的视角从"资源有限"变成"资源可以扩大"，他们在竞争中会更主动地挖掘新机会，也会更少关注输赢，而更多关注成长的过程。

行动指南:打破"零和思维",建立"正和思维"

改变竞争目标,从"打败别人"到"挑战自己"

我们要引导孩子用进步衡量成长,比如每次比赛后问他们:"哪些方面比上次更好了?"帮助他们关注个人成长,而不是单纯的输赢结果。例如用日常生活中的小任务示范,设定可以逐步完成的目标,让孩子感受到"每一次努力都有意义"。

鼓励孩子在竞争中寻找合作机会

如果是团队竞争,比如体育比赛、班级活动,可以让孩子分析如何通过配合让整体表现更好,并主动填补队友的弱项。在家庭中建立合作意识,设定一个"共同目标项目",让孩子和兄弟姐妹一起完成任务,感受到合作中的成就。

教孩子用行动创造新资源

帮助孩子主动寻找机会,比如通过自己的特长申请资源,而不是被动等待与争夺。鼓励他们发掘新的社会连接,比如通过学校活动、兴趣小组建立自己的平台,减少对现有资源的依赖。

用正面对话改变孩子的竞争观

通过正面问题引导孩子思考:"如果你和别人一起努力,是否可以创造新的可能?""竞争过程中最重要的是什么?"让他们主动树立自己的竞争观。

帮助孩子培养长远格局

告诉孩子竞争不仅是短期的输赢,更是一个持续的成长过程。通过竞争中的合作和创造,他们可以建立更大的资源网络和更强的自信。超过别人并不是竞争的唯一目标,创造新机会、激发共同成长,才是真正的价值。

从碎片化信息中传递日常价值观

"妈妈,这个博主说考不上好大学,就只能打工了,是这样吗?""我听同学说有个明星不努力也能挣好多钱,我们是不是不用太拼?"当听到这些话时,许多家长可能才会发现,碎片化的信息正在以一种潜移默化的方式塑造孩子的价值观。

信息差无处不在,不仅在家长与家长之间,还有孩子和家长之间。孩子接触的短视频、同学分享的段子、网上截取的名人言论,看似无关痛痒,但这些零散的信息具备极强的感染力,它们可能逐渐取代家庭教育的地位,对孩子的认知和判断产生负面且深远的影响。

父母常常认为家庭能稳定地传递价值观,事实上,日常生活中的碎片化信息,正以一种更快捷、更随意的方式侵入孩子的思想。如果我们不主动参与这些对话,以互动和解释的方式帮助他们整理价值观,孩子的认知可能变得像被打散的拼图一样凌乱、易受外界影响。打破孩子与家长之间的信息差,重塑他们的日常价值观,变得尤其重要。

价值观不靠"说教",让孩子学会提炼碎片信息

许多家长在传递价值观时,总是喜欢直接"灌输",口头上告诉孩

子什么是对的，什么是错的，什么该做或什么不该做。但是，面对碎片化信息，这种说教模式很容易被孩子视为单调甚至无用。

真正有效的价值观传递，是让孩子学会从碎片化信息中提炼每件事的意义，而不是被动接受父母的结论。

小铭是个喜欢探讨问题的孩子，因为爱用手机浏览视频，所以也很容易受到网络言论的影响。有一天，他跑到爸爸面前问："为什么有些人说只要努力就一定能成功，但网上又有人说努力是无效的？"爸爸当时正在忙，只简单回了一句："努力当然有用，你别听那些负面信息。"

这种对话场景在信息时代愈发常见。有次小铭刷到"学霸作息表"视频，发现凌晨5点起床的作息与另一个博主说的"高效学习只需6小时"截然不同。爸爸没有直接否定任何观点，而是带他做了三天实验：第一天按高强度作息，第二天按高效学习法，第三天自主安排。通过记录专注时长、错题率等数据，小铭自己得出结论：适合自己的节奏才是关键。

过了几天，他又问爸爸："有些人不努力也很有钱，是不是说明努力没什么用？"爸爸意识到，孩子似乎一直在思考这个问题，简单的"灌输说教"似乎不能解决。他告诉我，自己很担忧孩子会不会因此而不再愿意努力。我告诉他，不要回避孩子的问题，说再多都没有举例子更有感染力。让孩子看到不同类型的成功，意识到自己当前最重要的是努力，这就够了。

小铭爸爸从网络信息中挑选了几个案例，有通过努力成功的典型人物，也有运气因素占主导的成功案例。爸爸一边从不同角度帮小铭整理信息，一边告诉他："每个人成功的道路不一样，但努力是你能控制的重要变量。"他们甚至玩起人生卡牌游戏：将不同职业者的成长故事打印成卡片，小铭通过抽卡组合出"网红+机遇""科学家+坚持"等组合，在排列重组中理解成功要素的多样性。这种具象化的信息处理方式，让抽象价值观变得触手可及。

这让小铭有了思辨能力，也逐渐接受了努力的价值。当他看到更多信息时，评价更加独立和理性。

儿童的认知发展阶段需要从具体信息过渡到抽象逻辑，而父母的任务就是帮助他们提炼碎片信息中的核心意义。教会孩子如何思考，比直接告诉他们结论更重要。通过提炼信息并逐步建立逻辑链条，孩子的价值体系会变得更加稳定。

零碎信息并不可怕，关键是形成连贯的价值框架

碎片化信息常常给家长的印象是"凌乱""难以控制"。但实际上，信息的零碎性并不可怕，真正的风险在于孩子没有得到引导，无法形成连贯的价值框架。零碎信息的影响力源于它们单一且感染力强，父母要帮孩子把碎片信息拼成一个完整的认知体系，让他们懂得如何在碎片中找到稳定的"导航"。

小婷是个小学六年级的女孩，特别喜欢刷短视频。她的手机里充斥着关于明星生活、搞笑段子、学校生活的视频。妈妈本以为这些视频只是娱乐，但有一天，她发现小婷居然开始模仿一些短视频里"拜金主义"的台词，比如"只有有钱，才能买到想要的一切""成绩好有什么用，还是挣大钱重要"。

妈妈感到既惊讶又忧虑，总是刷短视频，这些信息会不会对孩子的价值观有影响？

我建议小婷妈妈不要直接禁止小婷刷视频，而是试着陪她一起筛选并讨论内容。回避不如直面，如果用强硬的手段禁止，孩子可能会偷偷去看，家长更无法掌握她会从中学到什么了。

于是，妈妈经常在晚饭后和孩子一起休闲时，装作不经意地凑过去和小婷一起看短视频，或者让她分享给自己，与小婷一起讨论其中的价值观。小婷本来就喜欢聊这些八卦，没有表现出反对，所以妈妈趁机帮助小婷去分析，哪些内容只是娱乐表象，哪些行为是为了博人眼球。妈妈还代入一些真实生活的场景，和小婷聊起家里每个人工作的意义，帮助她形成对"金钱"和"努力"的对比认知。

她们甚至开发了"价值观滤镜"：给视频贴红黄绿标签。红色代表"需警惕的观点"，如"读书无用论"；黄色是"待验证信息"，如某明星的逆袭故事；绿色为"正能量传递"，如消防员救援纪实。分类过程中，小婷逐渐建立起信息筛选的坐标系。

几次互动后，小婷开始主动向妈妈分享一些视频，还会批评一些拜金主义言论，客观地说："我觉得这个有点夸张了，应该要实际一点。"这种思辨能力逐渐让她的价值框架变得连贯，而不是被零碎信息割裂。

信息吸收需要从碎片阶段走向体系化，形成长期记忆中的稳定框架。父母通过筛选信息并帮助孩子建立连贯认知，可以避免零碎信息带来的认知漏洞。这种引导方式让孩子对零碎信息产生批判性思维，而不是被轻易影响。

通过家庭互动把"信息"变成"行动"

碎片化信息的另一个问题，是它容易让价值观停留在理论层面，而缺乏实际行动的支撑。孩子可能认同一些价值观，却不知道如何落实到自己的行为中，帮助孩子从信息转化为行动，是让价值观深入孩子内心的关键一步。

小淘是一个初中生，特别喜欢关注新闻里关于环保的话题，比如塑料污染、生物灭绝等。但妈妈发现，他并没有把这些兴趣转化为实际行动，比如家里的垃圾分类，小淘从来都是随便丢，没有任何保护环境的意识。

妈妈问他："你不是很关心环保吗，为什么自己不做？"小淘却回答："环保是大事情，我能做什么，这些有什么意义？"

我建议小淘妈妈，把环保话题融入家庭行动方案中。她和小淘一起设计了一套家庭垃圾分类计划，比如标记不同的垃圾袋、回收厨余垃圾，还带他去参加社区的环保公益活动，参与了分类示范的小组。

他们还将行动结果数据化：用电子秤记录每周回收物重量，折算成"拯救树木量"。当看到三个月累计相当于保护了两棵大树时，小淘开始自发收集同学家的可回收物。这种可视化的正反馈，让价值观从概念变成了可触摸的成果。

在这个过程中，小淘开始明白，碎片化信息并不只是"看一看"，而是可以成为具体行动的指导。而当行动成为习惯后，他逐渐对自己的环保行为产生了认同感，也学会了将价值观付诸实践。

价值观的形成需要通过行为的强化才能深入孩子的长期认知。行动不仅是信息的验证，更是价值观内化的容器，让孩子在行为中发现意义。

行动指南：在碎片化信息中传递稳定的价值观

引导孩子从信息中提炼核心意义

当孩子提出问题时，不要敷衍，也不要直接给出一个简单结论，这不一定能说服孩子。可以通过提问引导他们自己分析信息，比如"你怎么看这个现象""努力和其他因素的关系是什么"。用多个案例帮助孩子建立逻辑链，提高他们的思辨能力。

陪孩子讨论信息，形成连贯性认知框架

每周设置一次"信息筛选时间"，和孩子一起讨论他们接触的信息，比如短视频、新闻故事，通过筛选和对比帮助他们形成正向价值观的认知框架。用真实生活场景补充碎片化信息，让孩子真正把一些观点"落地"，形成认知。

把信息转化成行动

根据孩子关注的内容，设计家庭实践项目，比如垃圾分类、公益活动等，让孩子通过行动强化他们认同的价值观。孩子在行动中，还能感受到自己的实际行动对价值观的影响，比如"你的垃圾分类行动帮助改善了社区环境"。

用讨论建立孩子的自我选择权

定期和孩子探讨他们认同的信息来源，比如"你觉得这个博主的观点合理吗""你认为哪些信息值得学习"，让孩子学会对信息进行选择和批判。

创建"信息—价值观"对照手账

准备手账本，左侧记录孩子接触的碎片化信息（如"某视频说'躺平最快乐'"），中间栏标注核心观点，右侧栏引导孩子用家庭价值观进行对照分析（如"躺平可能带来短期舒适，但长期会失去成长机会"）。每周复盘手账内容，用贴纸标记"理性思考奖"强化正向认知。

从"小我"到"大我":如何让孩子融入集体

在许多家长眼里,孩子的"格格不入"是一个让人心烦的问题。为何有人天生对集体活动充满热情,而另一些孩子却更习惯一个人独处?父母的焦虑在于,他们生怕自己的孩子因为不擅长融入集体生活而失去人际交往的机会,甚至担忧在未来的竞争中会比不上那些"社交高手"。

其实"格格不入"的孩子并非一定是内向或懒于参与。很多时候,集体意识的缺乏是因为孩子还没有完成从"小我"到"大我"的过渡,他们无法理解自己的行为在集体活动中的意义,也没有意识到与他人合作能为他们带来更大的成就感。

家庭教育中,如何从孩子的视角出发,帮助他们完成"从小我到大我"的转变?让他们真正融入集体,而不是被表面上的"合群"绑架,需要让孩子懂得集体的意义,在合作中找到归属感。

让孩子认识自我、他人与集体的关联

孩子从出生开始,天性让他们以"小我"为中心。他们关注的是自己的需求是否被满足,自己的物品是否被保护。在成长过程中,孩子需要逐渐走向"大我",认识到集体中的每一个人都彼此关联,学会关注和尊重他人,而不仅是围绕自己展开行动。

琳琳是一个8岁的女孩,在学校里总是显得有些"独立",不愿意参加集体活动。妈妈对她的表现非常担忧:"是不是她太内向了?或者害怕和同学接触?"

事实并非如此。通过观察,我发现琳琳对自己能力的过于自信,她觉得"别人做不好,还是我一个人做更快更好"。这种对"独立完成"的坚持,实际上是缺乏对集体合作价值的认知。

我建议妈妈先从家庭中帮助琳琳建立共享意识。比如在家里开展一项合作任务:"琳琳,我们一起来布置今天晚上的餐桌吧!你负责摆好碗筷,我负责准备餐巾。"通过这种小合作,让她感受到分工与共同完成任务的成就感。

几个月后,妈妈反馈:"她现在在学校的分组任务中,开始主动分配工作,不再一个人把所有任务揽下来。在班级里也是,体育比赛她会协调小队战术,明显融入集体了。"

心理学家爱利克·埃里克森曾经提出过一个社会发展理论,认为儿童在发展过程中需要通过与他人的合作建立信任感,这种体验能帮助他们从"独立的自我"转变为"融入集体的自我"。在父母的引导中,如果孩子感受到个人能力可以帮助集体更好运作,他们才能逐渐理解集体的意义,并愿意参与进去。

从"得失"到"共赢",帮助孩子理解集体合作

许多孩子不愿意融入集体,是因为他们对"集体合作"的理解还局

限在表面的得失关系里。他们会觉得，参与集体活动可能会"吃亏"，要分享自己的时间、资源，甚至让渡一部分个人自由。这种思维让孩子无法看到合作带来的正向激励和共赢结果。

小沫是一个11岁的男孩，班里的同学一直觉得他有点"冷漠"。每次同学需要借笔、借书或者请求帮忙时，他都摇头说："不行，万一弄坏了怎么办？"

小沫的妈妈感到困惑："他不是自私的孩子，在家里对我们挺关心的，为什么在学校就这样？"

我觉得，小沫并不是情感冷漠，而是因为他对分享和合作感到"不安全"。他觉得分享自己的资源可能会导致个人利益受损，自己承担了风险却得不到回报。

为了解决这一问题，妈妈鼓励小沫在学校尝试和同学一起分享，会专门给小沫准备一些文具、零食，让他跟好朋友分一分。妈妈反复强调"这是给你朋友的"，小沫在分享时的不安感就降低了很多，因为他本来就认为这不是完全属于自己的物品，没有利益受损的危机感。而朋友很快也礼尚往来，给了小沫回应，这让他非常惊喜。通过分享和合作，他得到了更多同学的认可和帮助。他逐渐明白合作不仅不会吃亏，还能让大家一起受益。

帮助孩子理解合作的价值，他们才能从"怕吃亏"的心理中走出来，从"我的胜利"转向"我们的成功"，去拥抱集体的利益。

从"参与"到"角色感"，帮助孩子找到归属感

有些孩子即使参与了集体活动，也往往在其中显得"被动"或者

"边缘化"。他们会在班级任务中退居幕后,或者在团队活动中默默执行别人分配的任务。这是因为他们在集体中没有找到真正的"角色感"。当孩子不知道自己在集体里扮演什么角色,他们很难从中获取归属感。

小凯是篮球队的成员,可是每次比赛时,他总是站在边缘,躲着球,不敢占据重要的位置。他的爸爸对此很苦恼:"明明他技术不错,但他好像一点上场的积极性都没有。"

沟通后我发现,小凯对自己的角色定位很模糊。他觉得自己只是"替补",没有为团队发挥真正的价值,因此在心理上早早放弃了主动参与的念头。

我建议爸爸帮助小凯找到一件他擅长的小事,比如"负责给队友安排站位"。尽管是一个简单的工作,但小凯发现自己在队伍中的角色开始变得明确起来。慢慢地,他开始尝试承担更多,比如运球组织和参与配合。在接下来的比赛中,小凯终于主动发起了一次传球,全队一起配合取得了分数,他获得了队友们的认可。

归属感的建立需要孩子在集体中找到明确的身份定位。当孩子意识到自己的行为对集体有不可替代的价值,他们不仅会更加积极融入,还会让集体感成为自我认同的一部分。

行动指南：培养孩子从"小我"到"大我"的集体意识

设计家庭合作任务，让孩子体验"共享"的意义

在日常生活中安排小合作活动，比如一起准备晚餐、布置家庭聚会，明确分工并强调协同合作的必要性。在完成任务后，和孩子一起总结合作的好处，让他们体会"分工让工作更轻松""一起完成让人有成就感"。

为孩子创造小合作的机会，体验共赢的感觉

鼓励孩子在学校里参与简单的团队合作活动，比如借书、分享文具或者组队完成任务。通过一来一回，让孩子感受到自己帮了别人，别人也在关键时刻帮助自己，建立一个正循环的开头。

帮助孩子明确他们的集体角色，建立归属感

当孩子参与集体活动时，帮助他们找到自己擅长的部分，比如负责协调、沟通，或者技术支持。记得提醒孩子："你的角色很重要，少了你的努力，团队就少了一些成功的可能。"

用鼓励强化孩子在集体中的表现

每次孩子成功完成集体任务时，家长要给予积极反馈，比如："我注意到你在活动中主动帮助了他人，这让整个团队表现更好。"通过称赞他们的贡献，帮助孩子增加加入集体的信心。

社区志愿服务实践

通过参与社区植树、公益清洁等活动，让孩子在真实场景中体会集体力量。例如分配孩子与志愿者搭档完成"挖坑—扶苗—填土"的植树流水线，引导其观察协作成果："你扶稳的树苗，以后会为整条街道带来绿荫"。活动后与孩子制作"成长记录册"，定期回访服务成果，用可视化方式强化"个人行为影响集体环境"的认知。

信息差 5：

陷入育儿盲区而不自知有多可怕

父母的"原生家庭"如何影响下一代

许多父母在育儿过程中会发现一个复杂的现象：一些行为、习惯甚至语言模式，似乎是从自己的原生家庭继承而来的。无论父母的成长经历是温暖还是充满压力，原生家庭对他们的教育观、情绪管理、冲突处理方式，都有着深刻的影响。而这一切，都会悄然延续到下一代的成长过程中。

原生家庭的信息盲区，是代际育儿中最隐秘却最关键的因素。父母常常以为自己的教育选择是独立的，实际上，这些选择可能受到过去经历潜移默化的影响。

原生家庭的教育模式，构建父母思维的底层逻辑

人的行为会受到过去经验的强烈影响，尤其在育儿中，许多父母的教育方式，会直接受制于他们的原生家庭所建立的思维底层逻辑。无论是父母在小时候受到的教育方式，还是被灌输的价值观念，都会成为他们面对教育问题时的第一反应。

小汪的父母就是一个典型的例子。小汪成绩不错，但性格敏感，考

试时常常因为紧张而发挥失常。每逢此时，小汪的妈妈总是忍不住批评："你怎么总是这么胆小？这点小问题都处理不好，怎么能行？"而爸爸则选择沉默，认为这是孩子的教育问题，让妈妈解决。

了解更多后，我发现这个家庭中的教育模式，几乎是小汪妈妈原生家庭模式的翻版。小时候，她的父母对她非常严格，每次她犯错时，妈妈会直接批评，而爸爸总是选择一言不发，因为他认为教育是"母亲的责任"。

这种由原生家庭传递而来的教育方式，让小汪的妈妈不自觉地用自己小时候接受的教育方式来对待小汪。在她的逻辑中，"严格教育等于负责任"。但我知道，小汪妈妈其实非常厌恶父母的这种态度，她不喜欢母亲对自己的严苛，所以才逃离家庭，远嫁到另一个城市。

行为主义心理学中的社会学习理论指出，人类的教育行为往往由早期经验决定，这些经验会潜移默化地形成思维习惯，影响后续教育。父母对原生家庭模式的觉察，是改变育儿行为的第一步。重构思维底层逻辑，才能为孩子带来新的教育方式和互动方法。

原生家庭的情绪表达，影响了父母

原生家庭不只是会影响父母教育观念，更会深刻影响父母的情绪表达方式。许多父母在育儿过程中的情绪反应，比如愤怒、压抑、焦虑，往往是他们在自己的原生家庭中习惯的情绪模式。这种无意识的情绪遗传，可能成为亲子关系中的隐形障碍。

小敏是个特别懂得察言观色的女孩，因此她感到妈妈和自己之间有一层隔膜，似乎有什么话永远说不出口。她妈妈也困惑："我对她的关心已经很明显了，为什么她还是认为我冷漠？"

小敏妈妈不知道，其实她总是保持强压抑的情绪管理方式。遇到孩子犯错，她不会责骂，而是会通过冷淡的态度表达不满。这种反馈方式并非刻意选择的，而是她从原生家庭中学会的。小时候，她父母极少表达情感，遇到问题时也总是用沉默和压抑来处理，这种无形的情绪压制让她感到"亲密是一种危险"的事。

我建议小敏妈妈尝试打破沉默，主动在日常互动中向女儿表达自己的感受："我喜欢你今天主动帮我收拾房间，这让我觉得你很贴心。"或者避免用冷漠的态度处理问题，改用积极沟通方式："今天你在学习上遇到了困难，我知道你很努力，我们可以一起想办法。"

随着时间推移，小敏开始主动与妈妈交流自己的喜怒哀乐，而妈妈也感受到自己的交流方式正在逐步改变，她感叹说："在教育孩子的过程中，我也重新长大了一次。"

情绪表达也有代际遗传，可以通过家庭环境的多代影响形成固有模式，但这种模式并非不能改变。通过有意识地传递积极情绪，家庭成员之间会建立更加安全的情感联结。

原生家庭的隐性规则，悄然进入孩子的价值体系

许多父母在育儿中会自觉传递一些价值观，比如"男孩子要坚强""女孩要懂礼貌"等。这些观念看似合理，但它们的来源往往与父母成长中的原生家庭隐性规则直接相关。隐性规则是一种看不见却无处不在的思维框架，它会悄然影响孩子的价值体系。

小轩的爸爸特别注重给孩子灌输成绩第一的观念，他总是告诉儿

子："只有名次才能证明自己的能力。"然而，小轩的妈妈却认为，成绩并不是唯一的价值标准，努力和过程才更重要。两种观念形成了冲突，导致小轩很迷茫。他忍不住越来越在意排名，却逐渐失去对学习的兴趣。

小轩爸爸的观念来源于他自己的原生家庭。在他小时候，父母对成绩有着近乎苛刻的要求，并认为"第一名才是成功"，这种隐性规则深深嵌入了他的价值观体系。即便他不想让孩子经历同样的压力，但在教育时仍不自觉地延续了这种观念。

孩子的问题让爸爸开始反思，意识到自己的教育有问题。他和孩子妈妈达成一致，不再单纯关注分数，而是设置努力榜，鼓励孩子在每次学习后总结自己的进步。慢慢地，小轩从分数的焦虑中走出来，开始重新享受学习过程。

每个家庭都有隐性规则，这些规则也会影响孩子。父母必须意识到自己习以为常的规则是存在的，然后再去审视它是否合理，如果不合理，怎么调整。我们有责任帮助孩子在传承中找到适合自己的价值体系，而不是承受隐性压力。

行动指南：识别并调整原生家庭的影响

觉察原生家庭的教育模式，识别影响点

回顾自己的成长经历，问自己："我的父母是如何教育我的？这种方式是否进入了我的育儿行为？"像严格管教、沉默放任或习惯性批评，都是常见的问题。家长可以记录自己在亲子互动中的特定观念，例如对规则、目标的偏好是否在模仿原生家庭方式。

调整情绪表达，打破代际情绪遗传

每次面对孩子时，观察自己是否带入了压抑、愤怒或冷漠的情绪表达方式。主动练习用积极情绪沟通，比如在孩子表现出色时及时表达赞美，在冲突时用宽容而非责备的语气与孩子沟通。

反思隐性规则，建立独立价值体系

列出自己最常用的育儿观念，分析这些观念是否来自原生家庭的隐性规则。比如"男孩不能哭""成绩决定一切"等传统思维。在孩子成长环境里逐步加入新的价值观，帮助孩子建立更健康的体系。

与孩子共同讨论家庭价值观

通过对话,让孩子参与讨论家庭中的观念来源,去感受这些观念是否正确,是否符合时代的发展需求。当孩子感受到他们的意见可以改变家庭文化时,就能建立更健康的代际互动。

开展"家庭仪式重构",注入新情感符号

识别原生家庭中带有负面影响的仪式(如"考差后全家沉默""节日只谈成绩"),与孩子共同设计新家庭仪式。例如,将"成绩分析会"改为"成长复盘会",用彩色便签记录"努力项"和"改进方向";把"生日送礼"变为"愿望盲盒交换",强化情感联结而非物质导向。

好家长就是要每天监督孩子写作业吗

近些年，监督孩子写作业几乎成了父母的一项固定任务。家长们围绕着作业这个核心问题展开花样督促，有的定时提醒，有的严格检查进度，甚至有些父母直接坐在孩子旁边，全程跟进。

这种高频度的监督，真的能让孩子养成自律吗，还是让他们更加依赖家长，甚至对学习产生抵触情绪？

监督虽然看起来有短期效果，却往往并不是让孩子长期成长的最佳方式。这也是很多家长不清楚的信息差，父母误以为监督越多，孩子的学习就会越好，忽略了孩子学习的内驱力，是远比外部控制更重要的关键因素。

高频监督是否真的在培养孩子的自律能力

许多父母认为，监督是帮助孩子养成学习习惯的关键，有了父母的监督，孩子能更快完成任务。其实恰恰相反，持续的外部监督虽然能在短期内提高孩子的完成效率，但无法帮助他们真正建立自律，因为这种方式依赖于外部压力，而非内在动力。频繁监督反而会削弱孩子培养自主学习的可能性,让他们转向依赖性完成。

小睿的妈妈每天都会花一个小时在他身边跟进作业。她形容自己像个"作业管理员",不仅要提醒小睿开始,还得检查他的进度,纠正他的错误。虽然小睿每天能准时完成作业,但只要妈妈不跟进,他的学习状态就开始失控。

某次妈妈出差时,小睿的作业几乎没写,因为他觉得"没人管就随便玩",这让小睿的妈妈非常震惊,她说,孩子的行为完全出乎意料,将自己引以为傲的教育自信碾得稀碎。

我建议小睿妈妈反其道而行之,减少监督的频率,让小睿参与到作业规划中,放权给孩子。妈妈和小睿一起制定了一份每日学习时间表,告诉他:"你可以自己决定写作业的顺序,但需要在规定时间内完成。"妈妈逐渐从监督者变为验收者,只在时间结束后检查最终结果。

小睿刚开始时有些拖拉,随着逐渐适应了这种方式,开始主动规划自己的任务。几个月后,妈妈惊喜地发现,小睿竟然能在课内作业之外完成额外的阅读任务。

自律是一种内在动力,通过自主权的赋予,孩子会逐渐从外部压力转向自身主动性。父母高频监督虽然避免了短期失控,但却阻碍了自主学习的培养。减少干预,赋予规划权,是培养孩子自律的关键路径。

不做作业反映了孩子对学习的情绪信号

当孩子拖延甚至拒绝写作业时,父母的第一反应通常是责备。这就是一种信息差——父母和孩子之间没有把行为中隐藏的情绪对齐,孩子以为父母能从自己的行为中理解自己,父母却不知道孩子到底是怎么想的。

拖延背后，其实反映了孩子对学习的负面情绪信号。学习本身并不是被动的任务，孩子的兴趣和情绪是学习的驱动核心。所以，拖延就代表孩子受到了额外的压力，或者处于困境中。如果这种信号持续被忽略，家长只会进行外部监督，强行让孩子完成作业，只会让孩子在心理上和学习渐行渐远。

小诺就是一个拖延完成作业的典型。每天写作业时，他总是找各种借口拖着不动。妈妈怒火中烧："你干吗总是磨磨蹭蹭？快写啊！"可小诺依然懒懒散散。

妈妈觉得他是不自觉，通过进一步了解，我发现，小诺的拖延其实源于对学习内容的挫败感，他觉得数学作业实在是太难了，所以很枯燥，不愿意完成。而越是抗拒，他的数学就越差，最后陷入一种恶性循环。

为了消除这种情绪信号，我建议妈妈换一个角度帮助小诺，把作业任务变成一个闯关游戏，以每完成一项任务为一个小奖励节点。比如，完成数学作业后可以休息10分钟，完成语文作业后可以玩一个小游戏。通过这种方式，先让孩子觉得学习能有正向反馈，减轻对作业的心理抵触感。

几周后，妈妈告诉我："他现在写作业不拖拉了，还说自己数学进步了，不用奖励就主动写作业。"发现并调解孩子对学习的不良情绪，是改善孩子拖延的关键突破点。

不要忽视孩子的小脾气，情绪会显著影响孩子的行为选择。通过识别并调整负面情绪，学习任务可以从压力转变为兴趣驱动。父母需要学会倾听拖延背后的信号，帮助孩子建立更积极的情绪反馈。

作业只是学习形式，培养责任感是教育的关键

许多父母对作业的关注主要集中在任务本身，检查完成情况成了第一要务。但我们很容易忽略一点，作业只是学习的形式，真正的教育目标是培养孩子的责任感。

如果能建立责任感，不仅不用看着孩子写作业，他们还能培养自己对学习的主动性，知道是为了什么学习，以及作为学生的责任是什么，这是孩子未来成长最重要的能力之一。

小妍的家长对检查作业有严格的标准，甚至明确规定，如果孩子写错一个字，就不准玩。小妍为了避免被批评，总是把作业写得非常认真，让人觉得学习态度特别好，实际上，孩子在强压下，已经失去了对学习的兴趣。

她悄悄告诉我："我写作业只是为了过关，不需要想那么多。"这种机械化完成作业的过程，导致她失去了思考的动力，成绩也在下降。

要改变这种状态，我觉得，让小妍自己意识到做作业的责任更重要。家长不应该强行给孩子设置严格的要求，当务之急是让孩子明白，学习和写作业是必要的。之后，放手让孩子自己去安排和调整作业标准，在该放松的地方放松一点要求，才能实现抓大放小。

责任感的培养需要通过任务意义的传递，让孩子从"外部任务完成"转向"内部成就驱动"的状态。学习中的责任感，是孩子主动认知和行为选择的桥梁。让孩子感受到任务背后的意义，能促使他们逐步培养责任意识，带来长期学习动力。

行动指南：从"监督式教育"转向"引导式成长"

减少监督频率，赋予孩子作业规划权

和孩子一起制订每日学习计划，比如作业顺序和时间框架，让他们自己选择完成方式。逐步减少对过程的干预，只在完成后检查结果，让孩子感受到自主权的激励。

识别学习情绪信号，用情绪调节驱动完成

观察孩子是否有拖延行为，比如玩手机、发呆等，这可能是负面情绪信号。将作业任务转化为小奖励节点，完成一个任务后获得短时间休息，帮助孩子减轻任务的心理负担。

和孩子一起探讨作业的意义，培养责任感

通过讨论让孩子明白写作业的目的，比如"提高对问题的理解力""为考试积累经验"。也让孩子参与家庭任务计划，比如负责整理书籍或记录阅读日志，用家庭责任强化他们的学习态度。

帮助孩子形成长期学习目标

和孩子一起设定学习目标，比如两周提高正确率、一个月完成更多阅读任务等，帮助他们把任务与成长结合起来。在教育过程中不断提醒他们，学习是为了让人更了解这个世界，而不是为了应付作业。

引导孩子建立学习反思机制

鼓励孩子在完成作业后，主动回顾自己的学习过程。可以准备一个专门的学习反思本，让他们记录下作业中遇到的困难、解决办法以及收获。比如，在数学作业完成后，反思自己对某个知识点是否真正掌握，解题思路是否还有优化空间。定期和孩子一起翻看反思本，帮助他们梳理学习经验，强化薄弱环节。这不仅能让孩子更清楚自己的学习状况，还能培养他们自我审视和持续改进的能力，进一步推动自主学习。

专注力培养：绝大部分干扰源来自家长

家长在面对孩子专注力的问题时，总是归因于孩子本身："老师说他上课爱走神，这到底是性格问题还是习惯问题？"家长没注意过，自己的很多关心行为，就是在打破孩子的专注。孩子专注力差，问题往往不仅与他们有关，还深受家长行为模式的影响。

当孩子沉浸在自己的世界里，试图专注于某一件事时，家长的一些看似关心、实则无意识的行为，比如随口插话、过度关注孩子的每一个动作、频繁检查并打断他们的活动，正在一点点侵蚀孩子的专注状态。这些行为不仅让孩子难以进入沉浸式专注的心理状态，还可能让原本具备的专注能力受限，甚至逐渐退化。其实，孩子的专注力培养，家长自己也是关键一环。

打断频率太高，孩子的专注状态被破坏

专注力的核心在于连续性，当孩子专注于一件事情时，比如解难题、长时间阅读，他们的大脑会逐渐进入一种深度沉浸的专注状态。这种状态需要时间和稳定的环境作为保证。

问题来了，许多家长在孩子专注时，往往无意识地频繁打断，提醒孩子下一步要做什么，问不相关的问题，或者直接打断正在进行的活动。这种高频打断是专注力无法持续的一大原因。

小天是个5岁的男孩，他特别爱搭积木，每次搭积木时都能安静地坐在那里玩半小时。可妈妈却总喜欢时不时地搭话："这个颜色不搭吧？换一个试试。"接着又说："你搭什么呢？是不是太慢了？"

虽然妈妈觉得是在鼓励孩子，也是在跟孩子进行沟通，但每次她插话，小天都会停止动作，思考妈妈的问题。最后，玩积木的时间变得越来越短，原本喜欢的事情，他也很难沉浸其中了。

有些家长可能会觉得，自己只是随口问问，又不是故意打扰孩子。但对孩子来说，每一次打断都像是一个突然的信号，让他们刚刚建立起来的专注思绪瞬间被打散。就像我们在认真思考一件复杂的事情时，突然被人叫了一声，那种思路全无的感觉，孩子也会有。

另外，家长在孩子专注时打断，还可能传递出一种潜在的信号，那就是孩子正在做的事情需要被指导、被干涉，这会让孩子对自己产生怀疑，觉得自己做得不够好，从而进一步影响专注力的发挥。

心理学家米哈里·契克森米哈赖提出过"心流理论"，当个体进入专注状态时，任何干扰都会中断心流，影响专注的持续性。对孩子来说，父母的随意打断会让他们无法进入心流状态，形成不专注的坏习惯。这对很多家长来说，这绝对是一个信息差，他们不会想到，孩子不专注的源头，竟然可能是自己。

家长在孩子专心做事时，要尽量做到沉默支持，避免随意插话或提醒。可以观察孩子的行为，并选择在他们完成任务后再给予反馈，而不是在执行过程中频繁干扰。

过度干预，家长对任务细节的掌控型行为

许多家长在帮助孩子完成任务时，喜欢采取掌控型行为，频繁检查他们的进度，对任务细节过度指导，甚至直接替他们完成部分工作。虽然这些行为看似是为了帮助孩子，实际上会让孩子对任务的投入度下降，注意力也因此变得浅层化。他们的注意力会更多地放在父母的行为上，而不是任务本身。

一位小学老师分享过自己的观察，家长日活动，班里有两个孩子和家长一起做同样的手工任务，但家长的陪伴方式完全不同。男孩的妈妈总是在旁边不断提醒："这块胶水要涂薄一点。"或者说："别贴歪了，重新来。"结果，孩子总是抬头看妈妈，任务完成得很慢。

而女孩的妈妈则选择了观察，偶尔问一句："这部分你觉得怎么做比较好？"这种轻指导让女孩全神贯注地完成自己的任务，而且作品很有创造力。

掌控型干预会导致孩子对任务的责任感降低，从"我要完成任务"变成"我只是听指导"。长期来看，这种模式不仅削弱专注力，也会导致孩子的任务主动性逐步降低。

有些家长可能会说，我是为了让孩子把任务完成得更好才这样做的。其实，孩子在独立完成任务的过程中，哪怕有错误，也能从中学到东西，提高自己的专注力。而过度干预，剥夺了孩子这种学习和成长的机会。

我们要减少对任务细节的过度干预和指导，家长可以扮演观察者的角色，只在必要时提出建议或支持，让孩子在任务中独立探索和集中注意力。

环境干扰，无意之中制造分心空间

孩子的专注力不仅受行为习惯影响，也会受到环境因素的干扰。许多家长认为孩子在家庭环境中学习很方便，却不知道，家庭空间中可能存在大量容易分散注意力的因素，比如随时响起的电话声，随处可见的电子设备，甚至家长的随意活动都会成为孩子学习环境中的分心源头。

很少有家长研究过，环境中的噪声、视觉刺激，会怎样影响自己的孩子。哪怕是玩具摆放的位置很显眼，父母走动的声音明显，都可能让孩子的大脑提前转向"多任务模式"。这种模式会让孩子难以进入专注状态，因为他们的感官会对所有外部刺激做出回应，无法专注于手头的任务。

有研究表明，孩子在安静、整洁且相对固定的环境中学习，专注力表现会更好。而如果周围充满了各种干扰因素，他们需要花费更多的精力去抵抗这些干扰，才能保持专注。

当我们知道了这个信息后，就可以主动改进，帮助孩子打造一个专注力友好的空间。家长也可以调整自己的行为习惯，比如在孩子学习期间少打电话或进行娱乐活动，让家庭环境更稳定。

行动指南：从家长行为入手，培养孩子专注力

避免随意打断，尊重孩子的专注状态

当孩子正在专心做一件事情时，比如阅读、写作业或玩积木，家长尽量保持安静，避免插话或提醒。在任务完成后给予细节反馈，具体地夸奖孩子的专注："我注意到你写得很认真，字也比上次好看了。"

减少干预，支持孩子独立完成任务

在孩子执行任务时减少细节指导，仅提供必要建议，问他们"你觉得这个问题该怎么解决"，而不是直接给答案。

优化家庭环境，减少分心源

为孩子设定专门的学习区域，保持环境整洁并减少噪声和视觉干扰。家长要规定学习桌上只摆放学习用品，避免摆放过多玩具。在孩子专注期间，减少其他互动，比如放低音量或减少走动，让孩子能安心学习。

培养专注的"心流体验"

鼓励孩子选择一些需要长时间投入的活动，比如拼图、

手工或画画,通过这些活动让他们体验集中精力的"心流"状态。记录完成任务后孩子的表现,引导孩子体会这种感觉,强化孩子在专注后产生的成就感。

培养长期的专注力

制订学习或任务计划,帮助孩子逐步延长专注时间,比如每天增加5分钟任务时间,从短到长地培养稳定的专注习惯。可以用"番茄时钟"等方法协助进行,设定25分钟的专注时间,然后休息5分钟,以这种节奏来达到劳逸结合的目的,孩子更容易驾驭专注的任务。

如何帮助孩子建立"自发学习"的能力

在许多家庭中,学习似乎是一件必须被灌输的任务。从孩子开始接触书本的那一刻起,不少父母便主动接过了监督者甚至执行者的角色。家长规划作息,制定时间表,甚至直接代替孩子做选择。孩子表现出学习的动力,往往是因为家长期待或外部压力的驱动。

这样真的能培养孩子的学习能力吗?家长能代劳一时,却不能代劳一世,主动权终归要回到孩子手里。最终,自发学习的能力才是孩子终身发展的核心。

这种能力不是依赖于外界的指令或奖励,而是由孩子内心驱动,通过兴趣、好奇心和自我管理逐步形成的行为模式。在实际教育中,家长对自发学习的理解与实践往往存在信息差,很多时候因为过度干预而抹杀了孩子的主动性。

☁ 自发学习的初心在于好奇

自发学习的基础在于兴趣与好奇心。每一个孩子都拥有天生的好奇心,他们会主动对未知的事物产生兴趣,并通过探索获取答案。但在许多家庭中，这种天然的学习驱动力往往被家长追求效率的教育思路所压制。

家长常常觉得，孩子不会主动学习，学习就是完成任务，只是有人完成得好，有人完成得不好。越是这样想，学习对孩子而言就越容易变成负担，而不是一种基于好奇的体验。

旭旭的例子很有代表性。他小时候对科学节目非常着迷，每次看完自然奇观之类的纪录片，总是喜欢倒腾自己的小实验。可妈妈认为这些活动没用。有一次，旭旭在厨房鼓捣东西，差点点着了厨房纸，妈妈更是心有余悸，把他狠狠训了一顿，再也不许他进厨房。

随着课业的加重和家长的反对，旭旭慢慢地对这些有趣的小实验失去了兴趣，学习也渐渐变成了应付。妈妈听到他抱怨："学习真的没意思，一点也不好玩。"

这让旭旭妈妈突然想到，曾经孩子也是一个非常有好奇心的小孩，是什么让他产生了变化？为什么科学节目在电视上播放时，那么令孩子着迷，一旦进入了课堂，变成需要背诵的知识点和练习题，就让孩子变得抗拒了？

其实，知识本身没有变化，但家长在学习过程中的过度干预，抑制了孩子天生的好奇心。

兴趣驱动是学习的起点，如果孩子对一个领域产生了好奇心，他们会主动寻找解决问题的方式，而无须外部压力来推动。家长的任务并不是强行规定孩子学习的过程，而是发现并保护他们的兴趣，通过设置探索性的活动，让他们从兴趣中找到学习的乐趣。

😊 孩子需要对学习的掌控感

许多家长在教育中习惯代替孩子做所有决定,什么时候学,学什么内容,用什么方式学,都由家长一一安排。这些看似合理的决策,实际上剥夺了孩子对学习过程的掌控感,让他们在学习中变得被动。

你可能会疑惑,孩子也需要掌控感吗?是的,当孩子的独立意识发展起来,他需要掌控自己的时间,这能让孩子产生成就感和自由感。家长安排孩子学习,和孩子自己安排时间学习,两者的情绪刺激是完全不同的。当孩子可以自主安排时间,安排学习过程,他也能产生跟游戏一样的兴奋和自豪。

三年级男孩小凯的父母,曾为了提高他的学习效率,制订了严格的学习计划表。从早上到晚上,小凯的时间几乎被安排得满满当当,不是背单词、学数学,就是阅读经典、写作文。

小凯的父母以为,这种严密的规划能够让他学得更好,但结果却适得其反。小凯上课效率低下,回家总喜欢赖着不想动,彻底厌学了。他说,觉得自己的生活没什么意思,每天都不能做想做的事情,现在最喜欢的就是睡觉。

小凯父母的最大问题,就是没给孩子他所需要的尊重和自主的空间。没收一个成年人的手机,把他每天的时间都强行安排成各种工作,连工作顺序都不能打乱,对方也一定会崩溃。同样的情况放在孩子身上,怎么会有家长认为,孩子还能保留对学习的积极性和主动性呢?尊重他们,给孩子一些掌控感很重要。连自己的时间都不能掌控,孩子是很难体会到生活乐趣的。

当孩子有机会对自己的学习过程做出决定时,学习内驱力会显著提高。这种掌控感让孩子意识到自己是学习的主人,不是任务的被动执行者,从而更愿意主动承担责任和付出努力。

反思反馈,帮助孩子从成就中找到内在动力

学习的成就感是学习自驱力发展的另一核心因素。当孩子完成一项任务后,如果能从中获得积极反馈,并通过反思总结进步,他们会逐渐将学习任务和愉快体验关联起来,增强主动学习的意愿。

不过,许多家长在这个过程中用错了方法。明明应该帮助孩子反思学习过程,他们却更倾向于用简单的结果导向来评价孩子,比如考了多少分,比别人考得高还是低,这种外部评价没法让孩子体会到真正的内在满足感。

与之相反,当孩子在学习过程中获得有意义的反馈时,他们更容易体验到内在成就感,这种成就感能够增强他们的学习积极性。曾有一项实验,研究者对参与任务的孩子进行两种不同的反馈。第一组孩子只听到分数和排名,而第二组不仅听到分数,还被要求总结学习过程中的收获和下次改进的方向。

结果显示,第二组孩子在后续的学习活动中表现出更高的主动性和持久性,因为他们在学习中更有参与感,觉得自己在其中投入得更多,更珍视学习的成果。

积极心理学中的"过程导向反馈"就是这个原理,孩子的成就感应来自他们对过程的掌控,而不是单纯依赖外部评价。如果家长能帮助孩子用反思的方式分析任务中做得好的地方,并将这些经验转化为未来的学习目标,他们会逐渐在学习中找到内在驱动力。

行动指南：培养孩子"自发学习"的能力

赋予孩子学习的自主权

让孩子参与到学习计划的制订中，比如"你觉得今天什么时间适合写数学题"或者"这项任务是先做还是后做"。给孩子创造选择和计划的机会，只要孩子的规划不影响大方向，家长都尊重他们的意见，让孩子感受到掌控感，而不是觉得时间被学习占据和剥夺。

用复盘日志培养学习成就感

在任务完成后，和孩子一起复盘他们的表现，让孩子反复体会自己的成就，也去认识、改进自己的不足。可以建立复盘学习日志，写下每天的进步与收获，将成就感转化为明确的成长轨迹。

减少外部压力，注重长期的成长引导

避免频繁使用分数或排名作为评价标准，而要更多关注孩子每次任务中的进步点，比如"这次你比上次更清楚地表达了自己的观点"。规划孩子的长期学习目标，让他们在完成短期任务的同时，清楚自己正在朝正确的方向走。

少有人知的自律培养方法

孩子的自律问题，几乎是每位家长都绕不过去的坎儿。有些父母在焦虑之下，会不由自主地接手任务，用严格的外在约束替代孩子的主动管理。

家长甚至给孩子列出非常清晰的计划，细节精确到几点开始，几点结束，以及每项任务完成的具体标准。然后觉得，已经给孩子把学习计划的颗粒度做到这么细了，孩子一定足够自律了。

这一通看似完美的操作，很可能让孩子更加依赖外部规则，甚至把自律误解为就是父母监督的结果。真正的自律，不是循规蹈矩地完成父母布置的任务，而是孩子主动去做自己需要做的事情。

这种能力并不靠严厉的制度、简单的奖惩或重复完成计划来培养，而来源于孩子的内在动机，是一种在目标感、兴趣和成就感驱动下形成的长期机制。

自律的起点，是从小目标中建立行为信任

当孩子缺乏自律时，家长的第一反应经常是给出明确的目标或者计划，但越是精确的要求，其实越违反了一个重要规律——稳定的习惯是

不能立刻建立的，习惯的形成需要从小目标逐步累积。

　　自律也是一样，想通过家长所规划的详细计划，让孩子的自律能力跨越式提升，是不可能做到的。目标也好，规划也罢，需要长期缓慢地建立，一点点让孩子信任自己，建立习惯，才能自发约束自己。

　　安安的妈妈曾经尝试过各种方法，想让孩子学会按时完成作业。她给安安设计了一套完整的计划表，晚上回家以后几点到几点完成哪几门作业，几点洗漱上床睡觉，都有非常严格而科学的规定。但坚持不了几天，安安就会开始偷懒，甚至后来都产生了逃避情绪。

　　她十分挫败地告诉我："他根本不听，我都安排好了，只要照做就行，这么简单，孩子为什么不能坚持？"

　　我问了问，才发现，如果没有妈妈的监督，安安连早睡早起都坚持不下来。我哭笑不得地说："一下子让孩子挑战这么困难的目标，不亚于让一个疏于锻炼的人去爬珠穆朗玛峰。孩子自己都没信心，情绪上肯定比较抗拒，他不相信自己能长期坚持，这才是问题的关键。"

　　我让她换一种方式，不要试图用大计划去框住安安，而是从一个小目标开始，让安安一点点完成。妈妈跟安安约定："今天，我们试着在作业中先完成数学的最后一页题目，看看能不能控制在20分钟内，行不行？"目标清晰又具体，而且一点也不困难。在安安完成后，妈妈立刻给予他积极反馈："你看，完成它并没有那么难，而且你的时间掌握得很准！"

　　这种小目标不断累加，慢慢让安安恢复了信心，他发现，自己也能做到，坚持起来也不困难。到后来，他开始主动每天安排作业计划，先完成最难的部分，再处理简单的内容。他告诉妈妈："我发现一个一个小任务做完，其实挺有成就感的。"

习惯是通过完成小而具体的任务逐步建立的。每完成一次任务，孩子都会获得行为上的掌控感，并逐渐形成对自身能力的信任。所以，父母不要让孩子一下子就接触宏大的目标，而是从小目标入手，帮助孩子在每一个可管理的任务中找到进步的满足感，将它转化为更大的动力。

自律不是限制自由，而是赋予责任

多数父母在培养孩子的自律意识时，都把控制作为核心手段。他们试图减少孩子的决策权，用这种限制自由的方式迫使孩子形成习惯。但实际上，自律的核心是相反的——它不能来自外部的限制，而是来自孩子对自己行为的责任感。

换句话说，你得先给孩子选择的自由，他们主动去选了，才能谈论自律。任何强加的任务和剥夺自由的安排，都不可能让孩子理解自律的意义。

小杰经常不按时完成作业，妈妈一度全方位接管了孩子的学习。可即便母亲如此用心，小杰的效率依旧不高，甚至会趁家长不注意，偷偷溜去玩游戏。妈妈非常气恼地说："我替他规划得这么清楚，他就是不听！"

后来，她干脆破罐子破摔，再也不管小杰的作业了。她告诉孩子："以后你的作业我不管了，你自己决定什么时候开始，什么时候结束。我不会再提醒你。你要自己为结果负责。"小杰一听，高兴极了，立刻玩了一整晚，把作业抛诸脑后。

第二天，第三天，小杰都因为过度拖延，没写完作业被老师批评。他是个很要面子的孩子，非常在意在老师和同学面前的形象，被批评这件事让小杰难以接受。第四天，小杰一回家就主动坐下来写作业，还特地告诉妈妈："这次我做错了，以后我会改。"

妈妈觉得非常稀奇，感到十分意外，我却知道小杰的行为并不是不可理解。自律的本质在于孩子逐步承担对自我行为的责任。限制自由虽然能短期内约束行为，但只有赋予责任，才能让孩子从内心认同任务的重要性，并将其转化为主动行为。

父母需要减少对具体任务的干预，通过给予孩子更多行为决策权，让他们在自由中感受到行为的后果，培养出自律习惯。

真正的自律，源于找到动力

培养孩子的自律，最需要解决的是学习动力问题——孩子为什么要完成任务？如果孩子对任务的意义感知不明确，就很难主动投入其中，即使执行了，也只是机械化完成，没办法转化为长期的习惯。

小琪的爸爸总是抱怨她做事情很懒散，尤其是不愿意提前完成学校安排的科学作业，觉得又要观察、又要实践，做起来很麻烦。

爸爸尝试用奖惩措施，告诉她："完成就奖励你一小时游戏时间，否则就取消。"小琪虽然会为了奖励而完成作业，但总是很敷衍，只要有机会就跳过过程，只想快速打卡，赶紧去玩游戏。结果，这样不仅效果不好，还让孩子觉得科学作业是一个大麻烦，不然爸爸不会用游戏奖励来补偿她。

我告诉小琪的爸爸，这个做法正好适得其反。用奖励来引诱孩子去做，孩子下意识就会觉得这是一个又苦又难的事。不然，怎么没有家长告诉孩子"你要是好好玩游戏，我就奖励你吃好吃的"呢？如果是好事,不需要奖励,孩子也会去做,这个道理不仅家长知道,孩子也知道。所以,给了奖励就是一个负面信号。

孩子需要找到动力,不把科学作业当作作业,而是小游戏本身,这样才能真正培养自律。

爸爸开始和女儿讨论:"你觉得科学对你来说,有没有什么有趣的地方?"小琪表示,她最喜欢观察身边的生活现象,比如阳台上各种各样的花。于是,爸爸带她参观了一个植物园,通过观察不同植物的变化,将科学课的知识和作业融入其中。

小琪开始产生兴趣,并主动将练习转化为植物记录手册的一部分,甚至设计了自己的观察表格。

这样的改变彻底颠覆了小琪爸爸的观念:"孩子并不是不想学,而是没有找到学的意义和动力。"当孩子感受到任务与自身兴趣或目标的关联,他/她的驱动力便会转向内在,孩子会主动追求完成的过程,而不是被外部推动。

行动指南：培养孩子自律的具体步骤

从小任务建立行为信任

设计简单的、小而具体的任务，比如"10分钟完成一道数学题"，让孩子通过逐步完成任务建立信心和满足感。注意，我们不要再为孩子做过细的安排，而是确定大方向，比如"今天完成英语和数学任务"，具体方式让孩子自己决定。

挖掘任务意义，找准兴趣点

在任务说明中加入孩子感兴趣的内容，比如"学数学可以帮你设计一个迷宫游戏""练习作文可以写出属于你自己的探险故事"。将任务与实际场景结合，让孩子感受到学习是有用的，而不是单纯为了完成目标。

及时反馈，强化自律行为

当孩子主动完成任务或表现出自律时，家长要及时给予积极反馈，比如表扬孩子的具体行为："你今天主动写完作业，没有拖拉，真的很棒！"这种正面的反馈会让孩子感受到自己的努力被认可，从而增强自律的动力。

设计良性循环奖励机制

让奖励与进步挂钩，比如孩子完成计划时可以自己选一本书作为奖励，这种机制能持续强化努力行为。避免物质性奖励长期化，更注重任务本身的乐趣和价值感反馈。

鼓励反思与规划能力

每周与孩子复盘一次学习或行为表现，让孩子思考这周计划完成得怎么样，下周想有什么调整，帮助孩子逐步建立对自己行为的观察力和管理能力。

创造合作学习环境，互相激励

组织孩子与同学或家人进行合作学习，共同完成一个任务或项目。在这个过程中，孩子会受到同伴的积极影响，互相激励、互相监督，提高自律能力。比如，几个孩子一起完成一份手抄报，他们会为了不拖团队后腿而更加自觉地完成自己的部分。同时，合作学习还能培养孩子的沟通能力和团队协作精神，让他们在学习中体验到更多的乐趣和成就感。

孩子的"三分钟热度"不可怕

三分钟热度大概是最让家长头疼的一种行为，许多父母都对孩子的这种表现感到遗憾甚至失望，担心他们是太没毅力，更害怕这是性格上的缺点，会影响到他们未来的成长。

不过，孩子对事物的热情涌现和快速消退，并不意味着缺乏专注力或毅力，这是一种非常常见的现象。这种行为背后往往隐藏着两种重要的潜力，一是孩子对新鲜事物有极强的尝试动力，二是他们具有想到就去做的行动果断性。这些能力如果运用得当，反而能够成为他们实现目标、开拓能力的桥梁。

从少有人知的视角来重新认识孩子的三分钟热度，能帮助父母将这种短暂的兴趣和快速的行动，转化为孩子成长中的优势，利用信息差实现教育的弯道超车。

三分钟热度是孩子的探索信号

许多家长看到孩子"三天打鱼，两天晒网"的行为，总是认为他们不够专注，太容易放弃。其实，孩子对事物兴趣的快速切换是一种天性，本质上是一次次探索。他们通过短暂的尝试，寻找符合自己兴趣、能力和天赋的领域，而并非单纯因为没有耐性。

露露总是让妈妈哭笑不得。她有一大堆兴趣班的经历，但几乎没有哪个坚持超过三个月。妈妈一开始非常焦虑："孩子为什么做什么都浅尝辄止，她是不是没耐性、坐不住？"

也有其他家长说："我的孩子也这样，小孩都没耐性，必须得你逼着才能坚持下去。"但也有家长说："露露可能还在寻找真正的兴趣点，多试试，才能让她发现什么是最适合自己的。"

露露妈妈犹豫了很久，还是决定先观察一段时间。她主动帮助露露整理了一个探索记录本，记录每次尝试活动时的收获与不足。几个月后，露露终于找到了真正热爱的兴趣——滑旱冰，每次都主动要去训练。这次她不仅坚持了下来，还通过自己的努力参加了比赛，身体也越来越好。

儿童的兴趣切换是心理探索的一部分，他们需要通过尝试不同领域来找到内在驱动力强的兴趣点。家长应该给予足够的耐心与支持，将每一次尝试看作一次成长线索，而不是简单地当成热度的消退。

短暂兴趣也可以促进行动力

很多父母在看到孩子三分钟热度时，第一反应是让孩子坚持下去。不过，与其纠结于如何让孩子强行坚持，不如考虑换一个角度，别再只着眼于持久性，而是利用三分钟热度的果断行动力，帮助孩子积累更多任务完成的经验。短暂的兴趣驱动，恰恰可以引导孩子将想到就做转化为一种高效行动模式。

小轩是个调皮的男孩,他总有很多突发奇想,又很快转移注意力。有一次,小轩突然想做一个手工飞机,刚做了一半又跑去玩卡车模型。爸爸起初很生气:"你能不能别总做事做一半?什么时候能有点毅力?"

小轩的妈妈却发现,每当小轩做手工时,他总是能够快速搭建作品的框架部分。她认为这种快速动手的能力其实是一种潜力,于是开始鼓励他更快完成小项目。

比如,小轩用胶棒完成一个简单的模型框架后,妈妈鼓励他说:"今天你做得很快,那下次我们试试再快一点,同样的时间里,能不能把颜色也涂完?"在一次次小任务的驱动下,小轩逐渐从三分钟热度变成了想到就去完成任务习惯,并且开始主动设计更复杂的任务,比如制作一辆活动车。

妈妈感慨道:"他的行动力比以前快了很多,自信也提升了不少!"

兴趣驱动的短期行动,可以在多次重复中帮助孩子建立快速启动、快速完成的行为习惯,这种行动模式能够提高执行力和任务管理效率。家长可以通过设定小任务目标,将孩子的热情转化为长期的行动力提升。

用果断型思维培养快速决策能力

三分钟热度还隐藏着一个重要的心理优势,就是孩子的果断性。许多孩子在热情涌现的瞬间,会表现出非常快速的行动,甚至在短时间内迅速做出决策。这种果断型思维恰恰是面对不确定条件时最宝贵的,能够帮助孩子抓住机会,并且减少因犹豫带来的拖延。

家长可以通过鼓励果断型行为,让孩子学会如何在行动中优化决策，培养他们面对复杂任务时的快速反应能力。

小妙在班级中是一个解决问题高手，她总是能在活动中快速做出决定，比如如何分组、谁去领取材料等。但她的家长却总觉得她有点毛躁，希望她多思考再行动。

直到某次学校活动，同学们因为犹豫不决浪费了许多时间时，小妙果断提出了一种解决方案，全体同学立刻赞成并快速推进任务。

这次经历让她的家长意识到，果断型性格并不是缺点，而是一种能够提升效率的能力。为了让小妙在果断中也学会理性思考，避免只追求果断，而变成鲁莽，爸妈主动参与了她的决策训练。他们制定了一个简单目标："今天家里要分工清理，你负责安排谁清理哪个房间。"小妙非常迅速地做出安排，一开始，她没怎么仔细估算工作量，导致其他人都做完了，只有她还在吃力地劳动。

有了这次教训，小妙下次在安排之前，就学会了预估和思考。在这种练习中，她不仅强化了果断的决策力，还学会了如何理性决策，并转化为高效行动。

果断的性格是执行能力强的一个重要表现，能帮助孩子在多任务中做出快速选择，减少犹豫带来的风险。家长需要通过互动鼓励孩子在果断中保持理性，用更明确的决策支撑高效行为。

行动指南：将三分钟热度转化为成长优势

用探索记录表帮助孩子发现兴趣线索

帮助孩子记录每次尝试活动时的感受，通过积累线索发现内在驱动力强的兴趣点。也可以和孩子一起分析不同活动中的收获，让他们感受到短暂尝试的意义，而不是单纯说"你不懂坚持的意义"。

用小任务驱动行动力

将任务分解为多个短期目标，比如"今天完成手工的框架""明天涂好颜色"，让孩子通过逐步完成任务积累行动经验。在任务结束后给予明确的正面反馈，通过鼓励建立行动自信。

用果断练习强化快速决策能力

家长在家庭任务中主动让孩子做出分工和决策，比如"今天我们做一个家务计划，你来决定谁负责哪部分"，培养孩子的快速反应与责任意识。在任务完成后复盘决策过程，让孩子想想什么地方还可以优化，是不是做决策之前考虑得不全面，通过反思优化决策力。

信息的广度决定孩子的成长高度

孩子的成长，不仅仅取决于他们自己有多努力。

有些家长知道如何为孩子选择适合未来发展的兴趣班，而有些家长只是随大流；有些家长能给孩子开拓更开阔的视野，而有些家长却只能关注身边的小范围竞争。久而久之，孩子的认知边界就被拉开了差距。

这种差距，是信息差造成的结果。作为父母，我们了解到的信息有多广、看问题的视野有多远，直接决定了孩子能走多远。家长的信息广度，不光影响孩子接触到的资源，更影响他们看待世界的方式。

一位有格局的家长，要如何利用信息差帮助孩子拓宽视野，培养格局呢？

创造看得更远的信息机会，让孩子接触不同世界

有些家长会发现，自己的孩子总是局限在小环境里，只关注班级的前后排名、同桌的表现，甚至是同龄孩子的进步速度，这些都成了影响他们心态的重要因素。这其实是孩子对局部信息过度关注的一种表现，仅仅依赖这些，孩子的认知会非常有限。我们需要主动破圈，帮孩子接

触到更广阔的世界。

孩子的视野是否足够宽广，也取决于家长能否帮助他们拓展信息来源。作为家长，我们需要主动为孩子创造一种无边界的信息暴露环境，有意识地将孩子的视野扩展到他们生活的半径之外，让孩子接触更多背景、领域和文化的知识。这种信息暴露，不仅是一次次增长见识的过程，更是一次次突破自我认知边界的契机。

我认识一个孩子小艺，她的爸爸经常带她参加各种讲座和展览，比如去听博物馆的自然保护讲座，参观海洋图片展，还鼓励她看一些全球化的纪录片。她一开始也没有太大的兴趣，但当她看到展览里关于塑料污染的专题时，有很深的触动。

那天回去后，她主动查了更多资料，甚至写了一篇相关的文章，分享给学校同学。后来，小艺对环境保护产生了浓厚兴趣，不仅参加了环保社团，还带领班级组织了"校园无塑日"。

我们可以想象，如果小艺的爸爸没有带她去听讲座，那么她永远不会接触到这些信息，甚至可能一辈子都不会意识到这个问题的重要性。这样的机会，是需要家长主动创造的。

孩子的视野不是主动生长出来的，而是家长通过外界信息引导和暴露一点点拓展开的。你给孩子看得越多，他们的认知边界就越宽。

不同类型的信息对比，让孩子学会多角度思考

孩子对信息的理解，很多时候是单一的。他们习惯接受一个答案，比如未来要学什么技能最有用，什么职业最好。如果我们总是直接给他们答案，他们可能永远只会跟着父母的步伐走，缺乏自主思考的能力。

在这种情况下，我们可以尝试让孩子自己比较，自己发现。

小轩的父母注意到，他最近总是问："以后做什么工作最赚钱？"爸爸妈妈没有直接告诉他标准答案，而是让他自己去研究。他们鼓励小轩去搜索各种材料，看看"过去十年崛起的职业"和"目前正在被人工智能取代的职业"分别有哪些，然后分析这些变化的原因。

这次对比的过程，让小轩真正理解了信息中的逻辑。他不仅学到了很多关于职业趋势的知识，还开始学会独立思考。很多问题并不是只有一个标准答案，需要从不同角度去看，去分析，最后做出判断。

孩子学会思考的过程，不是听到结论，而是通过信息对比发现自己看问题的方式。帮助孩子比较不同类型的信息，不仅能开阔他们的思维，还会提升他们的独立判断力。

将信息转化为行动，帮助孩子在实践中树立格局

许多家长会发现，孩子对信息有兴趣，但却停留于知道层面，不愿意走向实践。比如看了很多书，听了很多课，却从来没有应用过，没有经验积累，这些知识就无法成为他们的能力。而信息的真正价值，是可以转化为行动的。孩子从行动里学到的东西，才是他们能够真正拥有的。

7岁的果果非常喜欢画画，也很喜欢看画册。她偶然看到一本关于消失职业的画册，里面讲了一些因为科技发展逐渐退出历史舞台的传统技艺，比如手工制伞、木匠雕刻等。

果果非常好奇，她问妈妈："这些人为什么不做这个了？我们还能把他们的手艺找回来吗？"

妈妈没有直接回答，而是笑着鼓励她："不如你自己去查一查资料，看看这些手艺现在都怎么样了，还有没有人继续做呢？"果果兴致勃勃地开始了自己的研究。

她发现，有些传统技艺，比如竹篾编织和木雕，虽然现在做的人少了，但仍然被一些手工艺传承人坚持着。果果根据自己的了解，画了一系列传统手工艺人的工作场景，她将自己的画拿到学校给老师和同学们看，老师觉得很有启发，专门安排了一堂职业文化课，孩子们通过画画、做手工和听故事等方式了解到许多传统技艺的魅力。

通过这样的实践，果果发现，自己学到的东西不仅是为了知道，还能用实际行动让更多人了解并感受到。知识可以变成创作，创作还能改变别人看待这个世界的方式。她懂得了知识如何与行动相辅相成，让成长的意义更显深远。

信息的意义，不在于了解多少，而在于如何根据信息做出行动。只有当孩子学会从信息中找到实践方向，他们才能够真正用自己的能力去改变环境和未来。

行动指南：利用信息差，让孩子开阔视野与格局

创造信息暴露的机会

多带孩子去参加讲座、展览、公开活动，尤其是跨学科或国际化主题的活动，帮助孩子接触更多领域的知识。和孩子一起观看纪录片、主题电影，分享全球化的榜样故事，让他们看到更广阔的世界。

让孩子去比较信息

鼓励孩子从不同角度去看同一个问题，比如"哪种技能是未来最重要的""不同国家的人如何应对同样的问题"，让他们通过对比学会多角度思考。引导孩子发现信息的背后逻辑，比如职业变化的原因、技术进步的影响，从问题中学到知识。

引导信息到行动的闭环

帮助孩子设计信息实践，从知识出发做家庭行动计划，让他们通过实践感受信息的力量。整合孩子的行动经验，比如用成长记录表记录每次行动的效果，帮助他们总结从了解信息到行动的成长过程。

如何通过"体验学习"塑造孩子的格局观

说到塑造格局,许多家长会想:"孩子应该多学知识,多读书,知识多了,眼界自然就宽了。"但你有没有发现,即使孩子读了很多书、考了高分,他们的格局依然可能局限在纸面上?

因为,格局不只是靠知识累积得来的,更需要通过体验去感知、去体会。如果孩子只是从书本上接触信息,终归是间接知识,而通过真实的体验,他们能够与人、事、社会,甚至未来产生连接,真正感受到学与用的关系。

体验学习,就是这种桥梁。它能够将知识转化为见识,将想法转化为行动,将孩子的认知边界一点点向外拓展,直至他们看到一个更大、更鲜活的世界。

从书本到生活,体验让知识变得鲜活

许多孩子在学习时,常常会产生一个疑问——学这些到底有什么用?有些家长试图用说教的方法说服孩子:"这些知识将来很重要,听我的就行!"但这种方式说服力很弱。

光说不练，只会让孩子觉得知识是抽象而遥远的。体验学习却不一样，它能够把课本中的概念带到生活中的真实场景中，让孩子发现知识的意义，感受到它的生命力。

我一个朋友的女儿在初中时总觉得数学"无聊又难学"。每次家长督促她学好数学时，她都抱怨："我不愿意背公式，背公式一点用都没有！"

妈妈试了很多方法都没效果，直到有一次，她带着孩子一起去超市，计算家里的开销，让她用所学的数学知识来优化购物的花费。女孩觉得这个游戏超有趣，兴致勃勃地帮忙，这让她第一次感受到数学能直接改变生活。

从那以后，这个女孩对数学的理解完全不一样了。她不再觉得公式枯燥，而是主动探索更多应用上的问题。最后，她选择了商科作为自己的职业方向，考上了心仪的大学。

体验学习的本质，就是为知识注入生命力。相比灌输知识有用的观点，不如直接安排体验，让孩子自己去发现答案。这种发现过程，不仅能让学习更有动力，还能让孩子用更真实的视角理解世界。

跨越舒适圈：体验打破了认知的边界

孩子的成长中，许多认知边界是由他们的舒适圈决定的。比如，他们会觉得父母为他们选择的课程就是最好的，学校的同龄人就是他们的主要社交圈，或者眼前的生活就是大部分人的状态。

而一个有格局的孩子，往往拥有跨越舒适圈的能力，能跳出自己生活的小范围，看到更大的世界。体验学习的独特之处在于，它带给孩子的不只是知识，还有对认知边界的突破。

小新是一个小学三年级的孩子，性格有些内向，总是习惯待在熟悉的环境里。有一次，爸爸报名参加了一个亲子志愿者活动，组织家人去社区里一起帮助弱势群体。活动当天，小新本来很腼腆，跟着父母默默搬东西。但后来，他注意到了一位行动不便的奶奶需要帮忙整理房间。那个奶奶很慈祥，让他忍不住鼓起勇气主动过去帮忙，并且和奶奶聊了很久。

活动结束后，小新告诉爸爸："原来外面还有很多人的生活和我们不一样，他们需要帮助，而我也能帮助他们。"这次活动让小新对生活有了全新的理解。他不再把目光局限于自己的日常，而是开始关注更广的区域。他的同理心也远超同龄人，遇到问题时永远都能体谅别人的难处。

体验学习能让孩子"走出去"，去接触与他们日常生活截然不同的场景和人群。这些跳出舒适圈的经历，拓展的不仅是视野，还有他们对责任和社会的认知。这种体验给孩子带来的好处，远远超出了书本知识所能给予的收获。

用体验激发孩子的实践能力

格局并不只是意味着看得更远，更在于孩子能用自己的行动去改变世界。一些家长倾向于给孩子提供单向的教育输入，比如知识、观念、建议，却很少鼓励孩子通过实践去验证和尝试。在体验学习中，实践反而是最重要的一环。通过亲身尝试，孩子才能从被动知道转变为主动去做，触发他们对世界的深度感知和责任担当。

晓飞就是一个很好的例子，她从小喜欢画画，正好在社区里发现了一个"墙面涂鸦"的公益活动，目的是让孩子用画笔装点破旧的街区。她兴致勃勃地参加了，还邀请了她的好朋友一起设计。那次活动中，晓飞不仅将自己的艺术才能发挥到了极致，还因为她的画成为了街头的亮点，获得了周围居民的称赞。

从那以后，晓飞对画画的理解已经不只是兴趣，她开始思考："画画除了能用来改变周围的环境之外，还可以用在哪些地方？"这种实践经历不仅让晓飞变得更有责任感，也让她的视野扩展到了社会范畴，开始去考虑人们的需要，这就是职业发展的萌芽。

体验学习的一个关键特点，是将信息转化为行动能力。通过实践，孩子能看到自己的力量，这种"我可以影响世界"的认知，正是他们格局形成的重要基础。

行动指南：设计体验学习，塑造孩子的大格局

将课本知识转化为生活体验

把学习内容融入日常生活，比如用数学知识规划家庭预算，用历史知识计划一次文化主题旅行，用科学知识完成一个小实验。让孩子在现实中感受到知识的应用价值，不再觉得学习只是考试的工具。

有意识地打破舒适圈

鼓励孩子参与不同类型的活动，比如公益志愿服务、跨学科夏令营、文化交流项目，让他们接触到陌生但有意义的环境和人群。可以多对孩子进行提问引导，让他们去观察活动的过程，回顾活动细节，总结体验中的新认知。

从体验转向实践，激发改变动力

鼓励孩子通过体验找到行动方向。比如，学习到手工技巧后，为班级设计节日装饰，让孩子在实践中积累行动经验。

成功并非终点：培养孩子持续成长的能力

许多家长都有这样的经历——孩子为了一个比赛、一次考试而拼尽全力，取得了不错的成绩。可是在那之后，他们似乎失去了方向。一个最典型的节点就是高考，很多孩子拼尽全力考到了自己理想的大学，但之后却失去动力，不仅不愿意上课，也懒得去实习，更是抗拒未来的工作，好像变了一个人。

家长与其思考"孩子当下出了什么问题"，不如想一想，是不是哪个让他们转变的节点出了问题。

我们总以为成功会让孩子更有动力，但事实是，如果过于关注结果和终点，孩子可能会把每一次成功当成完成句号，而不是未来的起点，失去成长的持续性。成功的确令人骄傲，更重要的是，如何让孩子懂得：成功不是终点，而是为接下来的成长积蓄力量。

将成功变成"成长的中转站"

阶段性的成功后，许多孩子会停下来寻求片刻放松。家长往往会陪孩子沉浸在喜悦中，甚至认为"终于不用再继续努力了，好好享受吧"。

这样的教育思路，可能让孩子误以为短期的成功就是任务的终结，失去进一步成长的动力。短期的成功不该是终点，而是一个中转站。它的意义不在于完成，而在于启发，让孩子从过去的努力中发现未来的方向。

小何刚刚在一次学校数学竞赛中获得了不错的成绩。教室里挂上了奖牌，老师、同学、家人都为他骄傲。可几周后，他的妈妈发现，小何开始变得懈怠，对下一步的学习计划毫无兴趣。

妈妈安慰他说："你已经很棒了，休息一下。"可小何却慢慢陷入迷茫，甚至私下跟朋友说："我也不知道以后要不要继续参加竞赛，我觉得很迷茫，好像空落落的。"

好的成绩不仅没有变成小何下一阶段的动力，反而让他感觉失去了目标。可能在最初，小何跟妈妈都把在数学竞赛中获奖当作自己的努力目标，并为此付出了许多，却没考虑获奖之后要做什么。所以，获奖这个节点成了结束的标志，小何不仅对竞赛产生了抗拒心态，还失去了目标感。

将成功转化为成长的中转站，是培养持续成长能力的关键一步。家长可以通过引导性的问题，帮孩子发现成功过程中的不足，同时瞄准新的挑战目标。

培养成长心态，重视过程，而非结果

在许多家庭中，成功往往被定义为达成某个目标，是分数、排名、奖杯……可是，这种结果导向的思维，容易让孩子对失败心存恐惧，对成功产生依赖。他们害怕失败时被责备，更害怕成功过后无法超越，因此失去对长期目标的追求。

9岁的明明在一次演讲比赛中获得了第一名,他刚开始十分激动,可没过几天就对参加同样的比赛失去了兴趣。他对妈妈说:"我已经是第一名了,下次怎么办?要是再参加,万一输了怎么办?"妈妈一时语塞,不知道如何劝说。

爸爸回来后,想了想,换了一种方式激励他:"其实,这次比赛最重要的不是得到名次,而是你学到了什么。你记得台上有哪些话是能引起观众共鸣的吗?这些比结果更重要。"

父母还一起陪明明分析比赛中的每一个细节,并鼓励他说:"下次可以想想怎么用更生动的例子吸引观众。"这次以关注过程、淡化结果为主题的沟通,让明明逐步从追求结果的焦虑中解脱出来,开始专注于提升自己的表达能力,而不是单纯追求下一次奖牌。

当孩子将成功与努力的过程挂钩,不再单纯依赖结果,他们会更愿意迎接挑战,并在失败中找到成长机会。家长要避免过于关注成绩排名,多引导孩子回顾努力的过程,学会总结、优化与迎接新任务。

引导孩子从成功中反哺他人,拓宽成长格局

成功不仅属于个人,它也可以成为连接他人、拓宽格局的机会。如果孩子能够在成功之后,学会与他人分享经验、传授技能,他们的成长动力会从"取悦自己"转变为"影响别人",从"小目标"转向"大格局"。

小楠在一次学校科技比赛中,凭借自己设计的花盆自动浇水装置获得了第一名。家长非常开心,鼓励他继续改进自己的作品。但几周后,他们逐渐发现小楠在兴趣班里变得不积极了,当爸妈问起时,小楠有些

骄傲地说："没意思，他们教的我都会了，同学们都没我厉害，我觉得以后不用参加了！"

老师也发现了这个问题，邀请小楠成为班上的小组指导员，帮助新同学完成类似的小项目。刚开始，小楠有些抵触，他有点看不上新同学，觉得他们什么都不懂。但在帮助同学们调试作品的过程中，他发现，虽然新加入的同学经验不足，但他们各有各的优势，有的数学很好，计算能力非常强，有的动手能力很强，能手工制作精细零件。面对有些困难，自己的知识储备竟然也还不足，于是，小楠回来主动查阅更多资料，还提出了不少拓展应用的想法。小楠的父母惊讶地发现，孩子对这个项目的兴趣又回来了，甚至比之前更投入。

成功只有转化为对他人有价值的内容，才能扩大孩子的成长半径。通过反哺他人，他们能在分享中重新定义自己的目标，也能从他人的反馈中发现新的方向。家长可以鼓励孩子用自己的成功经验去帮助别人，这能让孩子对知识的掌握更深入，对探索更有兴趣。

行动指南：帮助孩子在成功后持续成长

将成功定义为"阶段性起点"

和孩子一起复盘他们取得的成果，问孩子一些启发、改进的问题，比如："哪些地方可以做得更好？""你觉得还有什么问题可以继续探索？"帮助孩子将关注点从结果转向能力提升，从成功的经验中锁定未来的成长目标。

培养"成长型心态"，重视努力过程

成功后，引导孩子回顾努力的过程，让他们想一想，这次成功的哪部分努力最值得骄傲。在结果不理想时，鼓励孩子找到失败中的收获，看看自己哪里有了突破。

鼓励孩子分享成功经验，赋予成功新的意义

鼓励孩子通过分享成功经验帮助别人，比如在班级中做一个演讲，帮助同学解决问题和困难。这能让孩子扩展自己的认知和目标，意识到成功不仅是自己的成就，也是一个可以带给他人成长的机会，从帮助别人中获得更大的成就感。

信息差6：

溺爱的本质就是小瞧孩子的能力

信息匮乏：为什么"温室中的花朵"更娇气

我曾接触过一个家长，她的女儿小米今年7岁，刚上小学。这个孩子乖巧听话，但每次遇到一点挫折，比如一道不会做的题目，或者别的小朋友不愿意跟她玩，她都会立刻哭起来，甚至表现出极大的不安。妈妈非常着急，觉得孩子太"玻璃心"，总是遇到一点困难就崩溃。

"我已经尽力给她最好的成长环境了啊，"这位妈妈跟我说，"我从小对她的生活和学习都特别用心，生怕她受一点委屈。可为什么我保护得这么好，她反而这么脆弱？"

温室中的花朵，我的脑海中浮现出这个常见的比喻。温室里的花朵在无风、无雨、无病虫害的环境中长大，看似娇艳，却经不起任何外界的冲击，稍有风吹草动，就可能枯萎凋零。

很多家长正像这位妈妈一样，尽心尽力为孩子营造无忧无虑的生活，却忽略了一个重要事实：成长需要挑战，保护过度反而让孩子失去了面对真实世界的能力。

爱孩子，并不是为他们扫清一切障碍，而是教会他们如何跨过这些障碍。

缺少真实世界的信息输入，孩子如何适应未来？

在心理学中，有一个专业术语叫"适应性"，就是一个人能否从环境中获取足够信息，并根据这些信息调整自己的行为，最终实现与环境的平衡。适应能力并不是天生具备的，而是通过不断接触真实环境，积累经验逐步形成的。

但是，很多父母在育儿过程中，出于保护孩子不受伤害的心态，主动切断了孩子和真实世界之间的联系。

有位妈妈告诉我，她的儿子小凡有轻微的社交困难，每次去公园玩耍，他都不敢主动找别的小朋友玩。妈妈心疼孩子，每次都主动帮他搭话，甚至直接要求其他小朋友和小凡一起玩。起初，小凡的确会因此和其他小朋友玩一会儿，不过一旦妈妈不在场，他依然不知道如何融入小朋友的游戏中。

为什么会这样？因为孩子的成长过程中需要的是真实的社交体验，而不是父母替代的"社交安排"。当父母过度干预时，孩子无法积累解决真实问题的经验，也无法从中学习如何克服困难、调整自己。

同样的情况也出现在学习中。一些家长为了让孩子少受挫折，会过度简化孩子的学习难度，甚至主动帮助孩子完成作业。短期来看，孩子的确避免了失败，但从长远来看，这种保护剥夺了孩子探索和尝试的机会，导致孩子在面对复杂问题时更加无力和迷茫。

成长的本质，是通过不断接触真实的信息，学会在不确定性中找到平衡。保护得越紧，孩子的信息输入越匮乏，适应性就越差。

当父母成为"保护伞",孩子失去了抗挫力

心理学家温尼科特提出过一个著名的概念,叫作"刚刚好的母亲"。他认为,父母的责任并不是提供完美的保护,而是适度地允许孩子经历困难。也就是说,母亲不必非常完美,只要刚刚好就行了。只有这样,孩子才能从挫折中学会成长。

在现实中,许多父母却倾向于成为"过度保护的父母"。他们不能容忍自己"刚刚好",会担心自己是不是付出不够多。

小乐刚上中班,喜欢画画。但每次画的作品稍有瑕疵,妈妈都会立刻指出:"你这里画得不够好,要改一改。"久而久之,小乐变得越来越不自信,他甚至开始拒绝画画,还总是说妈妈"讨厌"。

这位妈妈很疑惑,也很委屈,她说:"我只是想让他变得更好啊,我是为了孩子好,怕他画得不好被别人笑话,所以才提醒他。"

过度保护的本质是在剥夺孩子体验失败的机会。孩子画得好或者不好,让他自己来决定要不要改,就算受到了嘲笑或者遇到挫折,也是孩子的必经之路。他们需要通过失败来认识自己的不足,并从中找到改进的方法。如果父母总是包办或者指挥,孩子就会对失败产生过度的恐惧,甚至失去尝试的动力。

孩子在成长过程中,适度的挫折体验能够有效提升他们的抗挫力和心理韧性。抗挫力并不是孩子天生具备的,而是通过一次次失败和调整逐步培养的。父母的角色,不是为孩子扫清一切障碍,而是成为他们失败时的支持者,而非干预者。

孩子只有在真实的环境中才能真正成长

教育的任务是让孩子成为他自己,而不是成为父母希望的样子。

很多家长之所以难以放手,是因为他们对孩子的成长怀有过多的期待,总希望孩子能一帆风顺、不受挫折。但事实上,教育的核心并不是保护孩子不受伤害,而是帮助孩子学会面对伤害。

有一位家长佳佳,她的女儿小希今年10岁,是个很害羞的孩子。佳佳起初也很担心女儿因性格融入不到集体,生怕她在学校里被欺负,于是总是提前为她安排好一切,甚至每天在家里练习如何回答老师的问题。

后来,佳佳开始逐渐改变自己的方式。她在学校里为小希报名参加了一个表演活动,并告诉她:"妈妈不会帮你做任何准备,但我会支持你。"小希刚开始很害怕,但在不断尝试中,她逐渐找到了自己的节奏。几周后,小希不仅顺利完成了表演,还主动报名了学校的演讲比赛。

佳佳说:"我终于明白了,孩子的成长需要真实的环境,而不是父母的安排。"

孩子只有在真实的环境中,才能学习到如何主动面对挑战、如何调整自己的状态。父母的放手并不是不管不问,而是给予孩子充分的信任和支持,让他们在尝试中成长。

行动指南:让孩子摆脱"温室效应",真正成长

创造真实的成长环境

不要为孩子刻意创造一个无忧无虑的生活环境,而是允许他们接触真实的世界。让孩子自己解决小问题,比如解决和同伴发生的矛盾、完成力所能及的任务,让他们从中积累经验。

接纳孩子的失败

孩子在成长过程中一定会经历失败,不要急于批评或纠正,而是帮助他们总结经验。你可以问:"你觉得下一次怎么可以做得更好?"而不是告诉孩子:"你下次不许失败。"

做孩子的支持者,而不是干预者

当孩子遇到困难时,不要急于替他们解决,而是给予他们情感上的支持。告诉他们:"妈妈相信你可以做到,试试看吧!"

减少信息输入,增加实践机会

不要用过度的信息填满孩子的生活,而是鼓励他们通过实践去获取经验。比如,让孩子自己去超市买东西,自己规划学习计划,从这些小事中积累独立能力。

被人们忽视的困境教育

家长在孩子面对挑战时，总想要为他们规避一切棘手的问题，让孩子选择更容易的路径。他们说着："这个任务太难了，别安排给孩子做了，他还小，做不来。"或者说："换个简单点的选择吧，别让孩子太有压力了。"表面上，这样可以减轻孩子的负担，实际上却剥夺了他们解决问题的机会。我们常常用爱的名义行事，让孩子错过面对困境的锻炼，让他们变得更脆弱，甚至形成一种对难题的抗拒心理。

困境教育，是许多家庭在教育中忽视的一环。成长中的困难，不是必须回避的，而是孩子成长必然要经历的。那些在困境中锻炼过的孩子，往往拥有更多应对复杂难题的能力，因为他们知道，每个问题都有解决的可能，困难并不是终点。困境教育，也许是一个因家庭教育中信息差导致的巨大盲区，但它却是让孩子学会自我成长的通道之一。

回避困境的思维，让孩子无法找到自信

有一天，一位妈妈带着7岁的涵涵找我咨询，她不解地问："涵涵特别聪明，但为什么每次遇到一点麻烦事，比如一道难题，连试着解决都

不愿意，直接就说'太难了不想做'呢？"

我请妈妈回忆几个典型的场景。她告诉我，涵涵在拼图时，如果一个拼图需要多次调整才能拼好，她会立即放下手里的碎片，说"我玩不来"。要是和小朋友发生一点争执时，她的第一反应是跑开哭诉，跟妈妈说："妈妈来帮我，让他们听我的。"

妈妈说："每次她遇到问题，我都帮她解决了，可为什么她还是这么抗拒麻烦？"

问题其实出在妈妈的"保护型"习惯上。我告诉她："孩子抗拒困难的背后，是因为她没有经历过自己解决问题的过程，也没有从中获得解决问题的成就感。每一次遭遇挑战时，都有你替她承担，反而让孩子失去了面对问题的机会。"

妈妈有些犹豫，她觉得如果自己不帮孩子，孩子一定会很难过。

我鼓励她从轻度困难的挑战入手。在拼图时，先试着陪伴她，而不是直接上手。可以在她快放弃时先引导她坚持一下，或者给一点小提示，而不是把拼图直接拼好，给她一个"虚假安慰"式的结果。

通过这种启发，涵涵不仅有了更多尝试的机会，也在拼好后获得了一次次解决难题的满足感。妈妈观察后告诉我："她现在拼拼图很有耐心，虽然慢，但好像比以前愿意坚持了。"

适度的挫折是孩子成长必须经历的一部分。孩子只有在安全范围内学会面对困难，才能逐步建立解决问题的信心和能力。困境教育不一定是让孩子经历巨大挑战，而是设置适度的小难题，让他们在解决中感受能力提升。

为什么困境教育常常被忽视？

困境教育之所以被忽视，有一个重要原因——它看起来"反直觉"。

在我们的文化中，许多人认为好的父母就是要尽可能保护孩子，不让他们受伤害、不让他们失败、不让他们失去信心。于是，父母和老师们倾向于为孩子扫清一切障碍，甚至直接替孩子解决问题。

我曾遇到过一位爸爸，他的儿子小虎在学校里和同学发生了矛盾。小虎回家后很委屈，于是爸爸立刻联系老师，要求学校干预，并明确表示："我不希望我的孩子承受这种不必要的压力。"

看似这是在保护孩子，实际上，这种处理方式让小虎错过了一次重要的社交学习机会。他没有学会如何与同伴沟通，也没有学会如何通过自己的力量解决冲突。

困境教育常常被忽视的另一个原因，是它的成果并不像考试成绩那样直观。我们可以通过分数衡量孩子的学业进步，却很难通过量化的方式衡量孩子的心理韧性和抗压能力。因此，许多家长更倾向于关注那些看得见的指标，而忽略了困境教育的重要性。

教育的目标不是为了某一天的考试，而是为了孩子一生的成长。困境教育虽然无法立竿见影，但它对孩子的长期发展至关重要。

困难本身不可怕，可怕的是孩子缺乏心理弹性

我曾经遇到过一个焦虑的妈妈，说孩子对失败特别敏感。"瑶瑶一旦考试没考好，就会消沉很长时间，总觉得'我不行'，要怎么办？"瑶瑶妈妈一想到孩子马上要升到高年级，以后这种情况只会越来越频

繁，就忍不住发愁。

瑶瑶妈妈的担忧很典型，孩子面对失败时，产生的不是改进的动力，而是心理恐慌。

为什么会这样？

我告诉她，问题可能是瑶瑶把结果当成自己价值的直接体现。每次失败，都会让她觉得自己不够好，因为她从未真正学会从失败中发现进步的可能。

为了帮助瑶瑶，我建议妈妈换一种方式对待失败结果。在一次探讨中，我和瑶瑶一起分析了她那份没有考好的数学试卷，告诉她："你有没有发现，其实有一部分题是只差一步就完全对了，这里只是一个小错误，而不是你不行。"随后，我鼓励她自己设计一个改进训练计划，比如每天练习两道类似的题型，并记录自己的进步。

瑶瑶妈妈后来告诉我："我发现，当她不再用结果评价自己，而是用成长过程的进步评价自己时，她变得更有信心。这也让我意识到，失败并不意味着糟糕，而是意味着成长。"

心理弹性是孩子应对困难的重要心理调节能力。通过失败后复盘的方式，孩子可以重新认知挫折，并学会从失败中看到改进的方向，这种过程是培养抗挫力的关键。

行动指南：在家庭中实践困境教育

给孩子创造可控的挑战

困境教育，不是把孩子丢进完全陌生的环境，而是给他们提供适度的挑战。比如，让孩子自己完成一些任务，即使过程中会遇到困难，也不要急着介入。

接纳孩子的情绪，而不是替代解决

当孩子遇到困境时，情绪反应是不可避免的。作为父母，我们需要做的不是消除这些情绪，而是接纳和引导。

比如，当孩子因为失败而哭泣时，不要急着说"没关系"或者"下次就好了"。你可以问："你觉得哪里做得不够好？我们可以怎么改进？"通过这样的问题，帮助孩子把情绪转化为行动。

给孩子一个安全的后盾

困境教育并不意味着让孩子独自面对一切，而是需要让孩子知道，无论发生什么，父母都会在背后支持他们。这种安全感会让孩子在面对挑战时更加勇敢。

用故事和榜样激励孩子

孩子特别容易被故事和榜样感染。你可以通过讲述名人克服困难的经历，或者分享你自己在人生中如何面对挑战，让孩子明白：困境并不可怕，重要的是从困境中学到什么。

培养孩子的目标设定与分解能力

引导孩子设定可实现的长期目标，并将其分解为多个小步骤。比如孩子想在期末考试中取得好成绩，可以将目标分解为每天完成一定的复习任务。在这个过程中，孩子会学会如何面对挑战，并逐步培养解决问题的能力。同时，当他们完成每一个小目标时，会获得成就感，增强自信心。

积极反馈引导

当孩子在困境中取得进步时，及时给予积极的反馈。这种反馈不是简单的表扬，而是要具体指出孩子在解决问题过程中的优点和进步之处。比如，孩子在尝试做一道大菜时，虽然味道不太好，但可以说："你看，你按照步骤一步步完成了，而且学会了控制火候，这就是很大的进步呀。"这样可以让孩子更加关注自己的努力和成长，增强面对困难的信心和动力。

让孩子主动面对"不公平"的世界

你有没有听孩子说过类似的话?"为什么班级里总是某些同学才能当干部,我就不行?""我明明努力了这么久,为什么没被老师选上?"很多家长常常对这些问题语塞,因为他们担心,一旦答不好,会给孩子心中栽种不公平的种子。

其实,孩子远没有我们想象中那么脆弱,这也是家长很难察觉的一个地方。绝对的公平并非真正的公平,而与公平相关的行为无处不在,所以孩子从很小的时候,就会逐渐意识到这个世界并不是完全公平的。不管是机会的分配、资源的分布,还是人与人之间的差异,总会让他们感受到"不公平"的存在。

有些父母倾向于告诉孩子"别管那么多,只管自己努力",而另一些父母试图安抚孩子"你是最好的,只是别人不懂得欣赏"。这样的回应还是苍白无力,无法真正帮助孩子处理不公平的情绪与认知。

不公平是生活的一部分,是孩子成长中必须面对的。而家长的一项重要任务,就是帮助孩子学会在不公平中找到自己的位置、建立应对能力,并在复杂的社会结构里,主动发现自己的方向,而不是被不公平击倒。

不公平的体验，是孩子理解社会规则的开始

一位妈妈提到，她的女儿小梅是班里一个非常有责任心的小姑娘，但她发现老师总是优先选择让班长负责最重要的工作，而自己从来没有机会参与。小梅回到家后向妈妈抱怨："我明明很努力，也很认真，为什么总是选别人不选我？"

妈妈一开始试图安慰小梅："可能老师没看到你的努力，下次会选上你的。"但她发现这样的回答无法让小梅真正放下失落感，于是向我寻求更有效的引导方式。

我告诉她，这些不公平的体验，其实没必要回避，应该跟孩子说清楚，它是孩子学习社会规则的开端。通过这些经历，孩子能够明白，生活中的规则不仅是努力与回报的简单关系，还包括其他复杂因素，比如资源分配、个人关系，甚至运气的作用。这些，都是他们对真实世界认知的一部分。

于是，我建议妈妈带着小梅一起分析班长被选中的原因，比如班长的沟通能力更强，对全班的影响力更大，或者其他原因。同时，也要鼓励小梅思考："还有哪些工作是你擅长的，可以从其他方面让大家认可你？"在讨论中，小梅逐渐明白，规则并不是完全以个人努力为标准，她也发现可以通过提升自己的表达能力来建立更多存在感。后来，她主动参加了心理委员的评选，得到了更多同学的支持。

发展心理学家皮亚杰曾指出，8—12岁的孩子正处于逐渐建立公平感的阶段。在这个阶段，他们开始理解规则的重要性，并渴望世界按规则办事。但现实世界往往打破了这种理想化的认知，孩子因此会感到困惑、愤怒，甚至对自己的努力产生怀疑。

如果孩子在这个阶段没有得到正确的引导，他们可能会形成两种极端的心理反应。要么是过度妥协，选择认命，这让孩子变得消极，失去对改变的信心。他们可能会选择逃避竞争，甚至放弃对自我价值的追求。

要么是过度对抗，这种心理会让孩子陷入一种过分努力的状态，试图通过与世界对抗来证明自己的价值。当他们依然无法改变某些不公平时，可能会感到深深的挫败。

这两种反应的共同点在于，它们都让孩子成为不公平的被动接受者，而不是主动应对者。于是，父母的角色就显得尤为重要。我们需要帮助孩子理解不公平的存在，同时教会他们如何在这个复杂的世界中找到自己的位置。

应对不公平，是孩子心理韧性的表现

许多孩子在经历不公平时，最常见的反应是情绪化，比如生气、失望，甚至拒绝参与更多尝试。而家长往往会因为孩子的情绪而感到担心，试图淡化问题或为他们找替代机会，但这样的处理方式很可能让孩子缺失锻炼心理韧性的机会。

面对不公平，孩子需要的不是逃避，而是逐步理解并学会如何展开行动，这是他们心理弹性的重要来源。

10岁的凯凯在一次体育比赛中输给了同组的同学，他认为对方在比赛中犯规，却没有被裁判发现。凯凯回家后情绪非常激动，对妈妈说："早知道就不用认真比赛了，这根本就不公平！"

妈妈一边安抚他，一边试图引导他冷静下来，但发现凯凯始终无法

摆脱对不公平的愤怒情绪。她来咨询时问我:"该不该告诉他,比赛本来就有可能不公平?"

我告诉她:"可以复盘分析,让他看到为什么会有这种不公平,理解裁判的判罚,想一想怎么消除这种不公平,把注意力转移到今后的努力上。"

于是,妈妈和凯凯一起回顾了比赛当时的表现,跟凯凯讨论,当对方的确犯规了,但裁判因为视角有限没发现,这种情况下应该怎么办?这种不公平是不是没有办法?自己下次有没有解决的方式,让自己挽回优势呢?

凯凯认真思考了一会儿,承认比赛就是有这样的无奈。他说:"好吧,我想了想,裁判确实看不到,也不能只听我的话就罚他们。"凯凯逐渐从埋怨失败转向专注成长,他甚至主动向其他队员提出提升比赛流程公平度的建议。

这就是帮助孩子建立"心理弹性",这是孩子面对压力与挑战时的核心能力。通过有效行动,可以让孩子缓解情绪并转化问题,他们会逐步从挫折中找到自我调适的方式,增强心理韧性。

不公平让孩子学会主动寻找机会

在孩子眼中,不公平常常是机会被分配不均的表现,比如某些同学得到更好的资源或更大的关注,而自己起点较低、优势不足。

很多家长的做法是告诉孩子"机会总会来",但更重要的是,如何让孩子学会主动创造机会。不公平并不意味着没有空间,而是能教会孩子抓住更多可能性,对自己掌控局面更有信心。

小雯是班里一个性格非常温和的孩子，她的妈妈发现，小雯从不主动在公众场合表现自己，甚至连回答问题时都显得不够大胆。而同班的其他学生——特别是那些性格外向的孩子，总是能得到老师的关注和获得更多机会。

小雯回家后对妈妈说："老师就喜欢那些抢话的人，像我这样的肯定没人注意。"

小雯妈妈一开始试图告诉她："你已经很优秀了，只是老师暂时没有注意到。"但她发现，女儿的情绪并没有改善，依然对自己的能力缺乏信心。后来，她带着小雯来找我咨询。我告诉她："主动表现是解决机会不均的重要方法，可以尝试通过能力展示赢得关注，而不是等待机会降临。"

小雯想了很久，终于主动申请为班级的读书分享活动做演讲，并在准备中加入一些与班级相关的互动话题。演讲当天，小雯第一次大胆走上台去表达自己的观点，她的表现得到了老师和同学的一致好评。

她兴奋地对妈妈说："看来机会是可以自己争取到的。"

主动寻找和创造机会，是突破不公平困境的重要技能。通过一次次主动尝试，孩子能够从竞争中积累经验，从机会中建立信心。

行动指南：不要回避，帮助孩子主动面对"不公平"

帮助孩子分析规则的复杂性

当孩子感叹"不公平"时，不要直接否认或安抚，而是和孩子一起分析问题背后的规则，比如社会资源分配的逻辑、人际关系的作用等。引导孩子在规则中找到自己的优势点，比如如何通过能力提升或沟通策略改变自己的位置。

引导孩子思考："为什么会发生不公平？"

在面对不公平时，孩子需要的不仅是情绪的安抚，还需要理性的分析。父母可以通过提问的方式，引导孩子思考不公平背后的原因。孩子可能会意识到：有些不公平是因为规则的主观性，有些则是因为每个人的价值标准不同。让孩子理解不公平并不是针对他们个人的，而是各种因素共同作用的结果。

教会孩子行动：如何在不公平中找到机会

最重要的是让孩子学会行动。孩子需要明白，面对不公平，抱怨只是浪费时间，而行动才是改变的开始。如果孩子在班级中觉得自己没有被公平对待，可以教他如何与老师沟

通，表达自己的感受；如果孩子在比赛中没有获得理想的结果，可以鼓励他总结经验，为下一次比赛做好准备。

帮助孩子聚焦于可控的部分

孩子在面对不公平时，常常会把注意力集中在不可控的部分，比如规则不合理、评委的标准不清晰等。这种关注只会让他们感到无力和挫败。父母可以引导孩子把注意力转移到可控的部分上，比如自己的努力、表现或者学习的过程。

情绪调节技巧传授

当孩子遭遇不公平而产生负面情绪时，帮助他们学会调节情绪的方法。例如，教孩子深呼吸、数数或者进行自我安慰的话语，如"我现在有点生气，但是没关系，我会冷静下来想想怎么解决"。通过练习这些技巧，孩子能更快地从情绪中走出来，专注于寻找解决方案。比如，孩子因为没有被选为活动负责人而难过，你可以和他一起进行几次深呼吸，然后说："现在感觉好点了吗？我们一起来想想怎么提升自己，下次有机会再争取。"

跳出"家长代办"的误区,培养主动性

当孩子遇到麻烦时,第一个反应常常是求助家长。而为了效率或心疼孩子,家长也往往会选择直接帮孩子解决问题。久而久之,家长的这种代办行为却可能让孩子逐渐失去对自己的生活和学习负责的动力。

如果每一次遇到困难,孩子都期待家长来帮忙解决,那么他们就很难学会如何独立解决问题,更不要说在面对困境时拥有主动性。随着代办行为的累积,家长们可能无意间陷入了一种"养孩子,永远替孩子活"的误区,让孩子的成长停滞在一种被动的状态里。

培养孩子的主动性,是每个家庭教育中不可忽视的一项核心任务。主动性不仅是孩子在自我管理上的体现,更是他们未来在学习、工作和生活中不断前进的重要驱动力。

家长的过度代办,让孩子失去了对后果的认知

在家庭教育中,许多家长习惯于救场。一旦孩子因为自己的疏忽掉链子,家长总是第一时间跳出来补救,降低事件的危害。虽然这是出于爱,可是这种兜底行为,不但没能让孩子学到教训,还可能形成一种

"反正有家长兜着"的依赖心理。

一位妈妈带着她的儿子小哲来找我咨询，情绪显得很无奈。她说："我感觉自己像孩子的拐棍，无论是生活还是学习，他似乎总是离不开我。"

她举了一个例子，一次考试，小哲在上学途中发现没有带笔，立刻打电话让妈妈送过去。妈妈考虑到考试的紧迫性，赶紧放下手头的工作，专门折返回家取笔。事后，她告诉小哲要记得检查文具，但没过几天，小哲又因为忘带文具的问题找妈妈帮忙。

我问妈妈："每次他打电话求助时，你有没有让他自己承担过后果？"妈妈愣了一下，思索了一会儿才说："也许我太急着帮他解决问题，总担心他会惹麻烦，还真没有让他承担过。"

我们达成共识，决定让小哲体验一次"后果教育"。当他再次忘带作业本时，妈妈没有第一时间冲上去补救，而是拒绝了，让他自己向老师解释。

听到妈妈的话，小哲的确有些慌张，甚至吓哭了。但这次，妈妈坚持没有心软，这个过程让小哲第一次意识到，他需要对自己的行为直接负责。

经此一事，他开始在睡前检查学习用品，主动把第二天需要的东西提前准备好。

行为主义理论表明，责任感的形成源于行为与后果的直接连接。如果家长总是代替孩子弥补错误，孩子就无法感受到因果关系，也不会意识到需要对自己的行为负责。

家长帮得过多，也是对孩子的一种剥夺

孩子的主动性来自面对问题时的第一次尝试。哪怕是一次犯错或失败，都可以为他们的能力积累提供宝贵的经验。但很多家长看到孩子卡在某个问题上时，总是太过热心，急着跳出来提供答案或直接代替完成，结果孩子不仅丧失了解决问题的机会，还慢慢对自己的能力产生怀疑。

我认识一个五年级的女孩娟娟，她的妈妈经常说："女儿很依赖我，做作业总是问一堆问题，如果我不帮忙，她会一直拖到很晚。"根据我和娟娟之间的交流，我觉得问题并不是娟娟不愿意努力，而是她习惯于接受母亲的"快速解法"，已经不知道自己怎么处理问题了。有问题，叫妈妈是最简单的解决方案。

面对这样的场景，我拦住了娟娟妈妈，说："下次她再有问题来问你，不要惯着孩子，问问她自己能怎么去解答这个问题。"

于是，妈妈开始尝试退后一步，在下一次娟娟求助时，问她："你觉得问题的关键词在哪儿？有没有类似题目可以参考？"看到妈妈没有直接告诉她答案，娟娟有点失望，但她意识到必须靠自己之后，也没有放弃。经过反复尝试，最后娟娟用自己的方法解了题。兴奋的她对妈妈说："原来我也能自己搞定！"

事后，妈妈百感交集，她突然觉得自己之前的帮助反而是对孩子的伤害。"如果我早点放手，她或许会更加自信。"娟娟妈妈说。

主动性培养的重要一环，是让孩子学会独立面对问题。家长需要像娟娟妈妈一样，有意识地"退后一步"，在孩子感到被卡住时提供支持，而不是立刻给答案。每一次尝试，哪怕失败，都是主动性的萌芽。

家长替孩子做得太多,影响了他们的内驱力

许多家长在代办时,习惯性地为孩子规划好路径,从动机到行动全程包办。久而久之,孩子不仅对目标丧失兴趣,还可能觉得"我做的事情是为了别人,而不是为了我自己"。

一位妈妈提到过,她的女儿小芊在学钢琴。妈妈一开始怕小芊不能坚持,就每天督促她练习,帮她安排好进度,甚至为了减轻她的负担,连乐谱的记号都提前标好。尽管花了很多心思,小芊还是一点也提不起兴趣,总是在琴前磨蹭,有时甚至直接不练了。

我问妈妈:"你有没有问过小芊,她自己期待在钢琴学习中达到什么目标?"妈妈摇摇头,说:"小孩子哪知道学习的目的,连郎朗这样的钢琴家都是家长严格督促才成功的呢!我要是不推动,她连课都不去上。"

我摇了摇头,或许这就是问题。

主动性,本质上是孩子从内心发出的想做某事的动力。而内驱力的前提,是孩子能感受到行为背后的意义和成就感。只有当孩子感受到"我想做"和"我要做"时,主动性才会真正被激发,而不是被要求去做。家长做得太多了,甚至代替孩子去思考行动的意义,孩子完全变成了执行的机器。只有家长放手,让孩子经历一段迷茫中探索的"弯路",孩子才能找到自己真正想学的东西,用内驱力激励自己去尝试,真正爱上学习。

行动指南：跳出"家长代办"的误区，培养孩子的主动性

给孩子承担后果的机会

当孩子遇到问题时，不要急着代办，比如忘带书本、考试没复习好。让他们感受到行为与后果的直接联系，学会对自己的事情负责。引导孩子从后果中学习，从教训中建立自主管理的意识。

激发孩子的内驱力

和孩子一起设定具体目标，比如"你希望用两周时间完成什么任务"，帮助他们在目标达成中找到成就感，而不是所有任务都由家长设定。减少对过程的干预，相信孩子有能力掌控自己的节奏，只在关键节点提供必要支持。

逐步让孩子接管更多的生活事务

让孩子主动参与到自己的日常决策中，比如自己准备学习用品、制订假期计划，甚至处理简单的家务任务，学会为每个选择负责。

从"小失败"到"大成功"的成长曲线

孩子的成长曲线是由失败塑造的,而不是由成功堆积起来的。每一次小失败都是孩子成长的台阶,它们帮助孩子积累经验、锻炼韧性、建立自信,让他们最终能够迎接大成功。

心理学家阿尔伯特·班杜拉提出了"自我效能感"理论,他认为,一个人相信自己能够完成某件事的信念,源于不断积累的实践经验。而小失败正是这种经验的核心,它让孩子学会从错误中找到解决问题的方法,从而建立对自己的信任。

换句话说,孩子不是因为避免失败而成功,而是因为敢于失败而成长。那么,从小失败到大成功,孩子的成长曲线是如何一步步铺展开的呢?

为什么小失败是成长的必要过程?

成长的本质,是一个不断试错、调整和进步的过程。如果我们仔细观察,会发现那些在成年后表现出强大韧性和适应能力的人,往往在小时候经历过一定程度的失败和挫折。

但在现实中,许多父母却倾向于替孩子规避失败,甚至刻意营造一帆风顺的成长环境。这样的保护虽然出于爱,却剥夺了孩子学习如何面对失败的机会。

我曾接触过一个女孩小雅,她是班级里的"完美学生",成绩优秀,性格乖巧,几乎没有经历过明显的失败。但在一次校际演讲比赛中,她因为忘词而失去了冠军。比赛结束后,她哭得很厉害,甚至开始怀疑自己是否"没有能力"。几天后,她告诉妈妈:"我以后再也不参加这种比赛了,我不想再失败。"

这是一个典型的例子:孩子不是因为失败而受伤,而是因为缺乏面对失败的经验而退缩。小雅从小被塑造成了一个"完美学生",她的成长轨迹里几乎没有经历过小失败,所以当她第一次遇到真正的挫折时,她无法调适自己的情绪。

其实,适度的失败体验可以帮助孩子提升心理韧性。那些抗挫力强的孩子,不是因为他们没有失败过,而是因为他们在成长过程中通过一次次小失败积累了应对挫折的策略。

失败的意义在于,它让孩子明白这种经历本身并不可怕,失败只是成长的必经之路。那些从未犯过错的人,是因为他们从未尝试过任何有挑战性的新事物。

用小失败锤炼孩子的耐挫力

失败对孩子的另一个重要作用是能锻炼韧性。人生是一个漫长而充满未知的旅程,失败绝不是其中的意外,而是常态。孩子能否在失败中持续尝试,是他们能否达成长期成功的关键。但很多家长却过于担心孩子的挫败感,会下意识地为他们回避挑战或中止失败情境,这反而会削弱孩子的耐挫能力。家长需要让孩子在可控的小失败中锻炼耐挫力，从中积累承受压力的能力，找到继续前进的动力。

小雷是一个特别热爱运动的男孩，性格非常好胜。每次输掉比赛，他都表现得异常失落，甚至在一次足球赛后对妈妈说："我最讨厌比赛了，我永远也赢不了。"妈妈看孩子这么沮丧，选择先让他退出了一段时间，但她发现，小雷的状态并没有真正改善，反而变得更加不愿参加任何竞技类活动，甚至不再愿意踢足球。

后来，妈妈带着小雷来找我，我问他："如果那场比赛你没有输掉，而是尽全力踢得很好，你会不会觉得更开心？"小雷点点头，可是又说："可是我输了，就算我尽力了也没用。"

我对他说："那下一次我们换个目标，不是赢别人，而是做得更好，比如说多一次漂亮的传球，你觉得自己能做到吗？"小雷沉吟片刻，点了点头。

妈妈重新带他参加了一次友谊赛，他们给自己设定的目标不是赢得比赛，而是在场上多合作。最终，虽然还是没赢，但小雷明显更加专注于自己的表现，首次感受到在努力中进步的成就感。

其实，挫折是韧性的锻炼场，孩子通过失败来体验压力、调整策略和积累经验，能够建立"失败不可怕，重要的是坚持"的心态。长远来看，这种把挫败感转化为行动力的能力，是孩子大成功的核心基础。

小失败如何塑造孩子的成长曲线？

小失败不仅能锻炼孩子的心理韧性，还为孩子的成长曲线铺设了三个重要阶段，分别是接受失败、学习失败和超越失败。

接受失败是第一阶段。孩子在经历失败时，最初的反应往往是情绪化，比如沮丧、哭泣、退缩。这是孩子对失败的自然反应，也是成长的重要一步。作为父母，我们需要帮助孩子接纳这种情绪，而不是强行忽略或压制它。

而接受失败只是开始，真正的成长在于从失败中学习，这是第二阶段。孩子在经历失败后，如果能够通过反思找到问题的原因，并尝试新的解决方法，他们就能从失败中获得宝贵的经验。

就比如小雷，自从他不再关注比赛结果，而是关注自己的进步后，每一次比赛，他都在想着如何调整自己，吸取经验做得更好。在教练的引导下，他开始学习如何调整踢球的节奏，如何观察对方的动作。后来，他赢球的次数比之前多多了。

学习失败的关键在于帮助孩子看到失败的意义。失败不是终点，而是一个发现问题、改进方法的过程。当孩子从失败中找到可以改进的地方时，他们会变得更加自信和主动。

第三阶段，则是超越失败。当孩子经历了足够多的小失败，他们就会逐渐具备面对更大挑战的能力。这种能力不仅体现在具体的技能上，还体现在他们对自己能力的深刻认知上。超越失败并不是一次性的成功，而是孩子在成长曲线上不断攀升的过程。每一次小失败，都为孩子的大成功铺平了道路。

行动指南：引导孩子从小失败走向大成功

重新定义失败：从情绪到问题的切换

当孩子因为失败而情绪化时，引导他们把失败转变为一个问题，帮助孩子学会看到失败的信息价值，而不是通过安抚让他们对失败失去反思的机会。

用小失败锻炼耐挫力

为孩子创造一些小挑战，比如参与有难度的任务或活动，让他们在体验失败的同时感受到"失败不会摧毁我"。在孩子试图放弃时，引导他们调整目标，换个角度或者把目标调低一点，一点点尝试。

将大失败拆解成小目标

如果孩子因为一次大失败丧失信心，就帮助他们将目标分解，让每一部分都可以通过努力实现。比如，若孩子担心考试通不过，我们可以不要求孩子追求一次性通过考试，只鼓励他们每天记住10个单词。通过可视化的进步积累，帮助孩子在成长曲线中看到自己的蜕变过程。

学会分辨批评，接受批评

批评似乎是一个让人不太舒服的话题。尤其是对孩子而言，批评往往伴随着强烈的负面情绪，容易让他们感到挫败，甚至对自己的努力产生怀疑。有些孩子听到老师或同学的批评后会直接哭泣，有些则选择倔强地反驳，甚至拒绝沟通。

但批评真的只是坏事吗？其实并不尽然。有益的批评是学习和发展的重要动力，它让我们意识到不足，并找到改进的方向。

问题在于，很多孩子乃至家长，都不知道如何区分批评的类型，更不知道如何正确地接受批评。他们要么把批评视为攻击，选择逃避，要么盲目接纳所有批评，导致自我怀疑。这两种极端心态都会限制孩子的成长。

作为父母和教育者，我们的任务不是让孩子避免批评，也不是让孩子接受所有批评，而是要教会孩子分辨哪些批评是有益的，并学会从批评中获得成长。

批评的两面性：为什么批评既能伤人，也能助人？

批评本身并不一定是坏的，它的影响取决于两个关键因素：批评的内容和表达方式。

有个妈妈跟我讲，她的儿子小明在学校里参加了一次演讲比赛。比赛结束后，评委对小明的表现提出了一些建议，还是比较温和的，比如"你的语速有点快，可以慢下来，让听众跟上你的节奏"。同时，另一位同学说得不太客气，告诉他："你讲得很差，根本没有吸引力。"

小明回到家后非常生气，他觉得大家都在批评他、看不上他，甚至说："我以后再也不参加演讲比赛了！他们都说我不行！"

其实，这就是有效批评和无效批评的区别。当批评是具体的、客观的，它可以帮助孩子发现自己的不足。但如果批评是模糊的、带有情绪化的攻击，它就会让孩子感到受伤，甚至对自己的能力产生怀疑。

其中，建设性的批评能够提升人的自我认知，而破坏性的批评则会激发防御心理，阻碍成长。家长一定要帮助孩子理解批评的两面性，区分这两种话语的类型，是迈向正确接受批评的第一步。

父母可以告诉孩子，批评本身并不可怕，可怕的是我们不能区分它的好坏。

😊 如何分辨哪些是有益的批评

在现实中，孩子会遇到各种类型的批评。有些批评是善意的、有建设性的，有些则是情绪化的指责，甚至是恶意的攻击。教会孩子分辨批评的类型，是让他们正确接受批评的关键。

其实，我们用两个简单的标准就能帮孩子筛选。这是很多家长不知道的，也是教育当中无处不在的信息差，只要你有这种意识，就能解开很多教育中困扰自己的问题。

第一个分辨标准是，有益的批评往往是具体的，它指出了问题所在，并给出明确的改进建议。比如老师说："你的作文结构很好，不过结尾有点仓促，可以再多写几句总结。"显而易见，这句话的重点是在强调改进。

而无效的批评往往是模糊的或泛泛而谈，比如"你的作文写得不好"，这样的批评不仅无法帮助孩子改进，还会让他们感到困惑。

第二个分辨标准是，这些批评是基于事实，还是一些情绪化的夸张形容？有益的批评通常基于观察和事实，而不是个人情绪或偏见，恶意的批评往往带有情绪化的攻击，比如"你数学就是学不好"。这样的批评不仅没有事实依据，还容易让孩子对自己的能力产生负面认知。

父母可以通过日常对话教会孩子运用这两个筛选标准，帮助他们学会识别有益的批评，逐渐培养孩子对批评的判断能力。他们会意识到，不是所有批评都需要接纳，但有些批评可以帮助他们变得更好。

引导孩子接受批评，并从中成长

分辨批评的好坏只是第一步。真正的成长是孩子能够主动接受有益的批评，并将其转化为改进的动力。

当孩子第一次面对批评时，他们的情绪反应是不可避免的。愤怒、委屈，甚至羞愧，这些感受都是正常的。父母需要做的，是帮助孩子接纳这些情绪，而不是强迫他们马上冷静下来。

当小明因为比赛后的批评而生气，妈妈可以说："我知道你觉得很委屈，因为你努力了很久，我们都想你获得大家的认可。"通过这样的情绪认同，孩子会觉得自己被理解，而不是被批评本身孤立。

当孩子情绪稍微平复后，父母可以引导他们将注意力转移到批评的具体内容上。比如问小明："评委老师提到你的语速有点快，这部分你觉得自己可以改进吗？"这样的对话可以帮助孩子从情绪化中抽离出来，进入到理性思考的阶段。他们会发现批评其实是一种问题反馈，而不是对自己能力的否定。

批评的最终价值在于它能够推动孩子行动。如果孩子能够通过批评发现问题，并改进，那么批评就真正成为成长的助力。当小明意识到自己的语速确实有点快后，他就能冷静地改进不足，提升自己这方面的能力。这不仅能消化批评，还能让他在实践中找到自信。

行动指南：帮助孩子正确分辨和接受批评

教孩子理解批评的两面性

向孩子解释：批评有善意和恶意之分，有些批评可以帮助我们成长，而有些批评只是情绪化的攻击。学会分辨批评的性质，是成长的重要技能。

建立批评筛选标准

引导孩子根据以下的标准去筛选批评的内容，比如批评是否具体，批评是否基于事实，然后留下有益的批评，将有害的批评抛诸脑后，或者在下次直接反驳对方，告诉他们这样的评价方式很不礼貌。

接纳孩子的情绪

当孩子面对批评时，不要急于否定他们的情绪。引导孩子从情绪中抽离出来，聚焦于具体的问题，这能让他们从情绪发泄转化到行动改进上。

帮助孩子找到属于自己的节奏

当下的环境中,孩子们被塞进了一个高度紧张的跑道,每一个孩子都在被迫追赶某种既定的节奏。家长担心孩子掉队,孩子害怕被比较,这种焦虑像一张无形的大网,裹挟着每个人前行,直到孩子筋疲力尽。

但我们也许忽略了一个关键问题,每个孩子都有属于自己的成长节奏,在面对问题时也是如此。

逆商是一个人面对挫折、失败和压力时所具备的心理弹性和应对能力,逆商的高低,直接影响孩子在挫折中的恢复力和长期的成长潜力。而培养逆商的核心之一,就是帮助孩子找到自己的节奏。

只有当孩子按照自己的节奏前进时,他们才能以自己的方式面对挑战,建立抗挫折能力,同时避免因盲目追赶外界节奏而陷入压力与迷茫。

每个孩子成长的节奏都不同

孩子的成长有快有慢,有时充满活力,有时需要沉淀。每个孩子的成长节奏都是独特的,但现实中,很多家长往往用别人家的孩子来衡量自己的孩子，试图将他们放入统一的成长轨迹中。

有位家长曾向我提到，她的女儿茵茵在幼儿园时语言能力比同龄孩子稍弱。班里的其他孩子已经能用完整的句子流畅表达自己，而茵茵却还停留在几个简单的词汇拼凑上。

妈妈非常焦虑，觉得自己耽误了孩子，于是立刻报了语言培训班，希望通过"加速"让孩子追赶上同龄人。

几个月后，妈妈发现茵茵不仅没有显著进步，反而表现出强烈的抗拒情绪，甚至变得更加胆怯。老师反复引导和教茵茵开口表达，她多次尝试但依然不流利之后，就像"自闭"了一样，再也不搭理老师了。再提到去上课，茵茵只会嗷嗷大哭，抱着妈妈不撒手。

其实，茵茵的语言发育节奏只是比其他孩子稍慢，但这并不意味着她有问题。强行让孩子去接受超出现在能力的课程，过度干预孩子的成长节奏，会让他们怀疑自己的能力，提前遭受过多的挫折。这就是"没苦硬吃"，反而会给孩子蒙上一层心理阴影。

当孩子在自己的节奏下成长时，他们会更加从容地面对挑战，对自己的进步感到自信。这种自信不仅是抗挫折能力的基础，也是逆商培养的重要部分。

"外界节奏"剥夺了孩子的抗挫折能力

在我们的教育体系和社会文化中，外界的节奏通常被定义为"快"和"高效"。家长们希望孩子尽早学会更多技能，尽快赶上竞争的步伐，以免输在起跑线上。可是这种外界的节奏，往往会对孩子的抗挫折能力造成不可忽视的负面影响。

当孩子总是被要求跟随外界的节奏时，他们容易将自己的价值与外界的评价挂钩。一旦他们未能达到外界的标准，就会产生深深的挫败感。

男孩小葛很喜欢画画，但在画室，他的画作总是被老师评价为"画得太简单"，甚至在评比中多次落选。小葛开始怀疑自己："我是不是根本不擅长画画？"

真的了解小葛的情况就知道，他的问题不是不擅长，而是他的创作节奏与学校的评比标准不一致。他喜欢细致地打磨作品，而学校的评比更看重快速完成和表现技巧。这种节奏的不匹配让小葛误以为自己能力不足，削弱了他的自信心。

强行匹配外界节奏，不仅会让孩子失去客观评判自己的能力，也容易让孩子失去面对失败后的调整的时间。外界的节奏通常是线性的、快速的，它要求孩子不断向前冲刺，却很少给他们停下来反思的时间，而挫折后的心理恢复往往需要时间。

如果一个孩子在考试失败后，立刻被要求投入下一场考试的备战，他可能没有机会消化失败的情绪，也无法总结失败的教训。这一过程的缺失让挫折变成了一种沉重的失败，而不是一次暂时的低谷。

当孩子被迫追赶外界的节奏时，他们的抗挫折能力往往会被削弱。因为他们没有机会认识到，偶尔的失败不是对能力的否定，而是成长的一部分。

找到自身节奏，是幸福感的基石

找到孩子的节奏，是帮助他们建立内在幸福感的关键。幸福感并不来源于外界的认可，而是来自内心的平衡与满足。这种平衡只有在孩子以适合自己的节奏生活和成长时才能真正实现。

每个孩子都有自己的成长规律和学习风格。有些孩子在某些领域进步快而出色，而另一些孩子则需要更多时间去探索和积累。如果我们强迫孩子以超出他们节奏的方式生活，他们会感到压力和挫败。当孩子能够以自己的节奏成长时，他们会感到舒适和自在，因为他们的生活方式与他们的能力和需求保持一致。

节奏的适配，也能减少不必要的比较带来的痛苦。孩子的幸福感往往是被比较摧毁的。当孩子发现自己总是跟不上别人的脚步，他们会觉得自己不够优秀，导致自卑和焦虑。而找到自己的节奏，就意味着帮助孩子聚焦于自己的进步，而不是与他人比较。

假如一个孩子在学习中需要比同龄人更长的时间去掌握数学知识，但他在音乐或运动方面却有超乎寻常的天赋。如果孩子能够接纳自己的节奏，他就不会因为某一领域的落后而感到痛苦，而是会享受自己在其他领域的独特成长。

节奏平衡，也能让孩子学会调节生活的快慢。幸福感不仅来源于成功，还来源于对生活节奏的掌控，包括什么时候努力、什么时候放松。当孩子被迫始终处于高强度成长的状态时，他们会感到疲惫不堪，而张弛有度其实更适合孩子长期的发展，让他们在人生的"马拉松"中跑得更远。

帮助孩子找到适合自己的节奏，也是在教会他们一种生活的智慧，明白什么时候该快，什么时候该慢。节奏对了，会给孩子建立起持久的幸福感。

行动指南：找到节奏，培养逆商的重要一步

接纳孩子的独特性，避免比较式教育

每个孩子的成长轨迹都是独一无二的。父母首先要做的，是接纳孩子的节奏，而不是用别人家的孩子来比较自己的孩子。当孩子表现得比同龄人慢时，不要急于干预或批评，而是观察和倾听他们的需求，了解孩子的成长状态。

接纳孩子的节奏，会让他们感受到自己的成长被尊重。这种尊重是孩子建立自信和抗挫折能力的基础。

帮助孩子学会自我评估

外界的节奏往往让孩子习惯于依赖他人的评价，而忽视了对自己的判断。父母可以通过对话，帮助孩子学会自我评估。

留出消化失败情绪的时间

失败是成长的一部分，但孩子需要时间去消化失败的情绪。如果一件事没有做好，不要立刻催促他们投入下一件事，而是给他们足够的时间去调整心态。这种缓冲时间会让孩子明白，失败不是终点，而是一个可以调整的过程。

让孩子掌握自己的节奏

父母可以和孩子一起制订学习或成长计划，而不是单方面强加目标。当孩子感受到自己的意见被重视时，他们会更愿意主动参与，并在遇到挫折时表现出更强的责任感和恢复力。

培养观察与觉察能力

教孩子观察周围人的节奏差异，以及不同情境下的节奏变化。比如，在公园里观察人们散步、跑步的速度不同；在课堂上留意同学们的学习节奏。引导孩子思考："你有没有发现，每个人做事的节奏都不一样？找到适合自己的节奏才最重要。"这种观察能让孩子更客观地看待差异，理解节奏的多样性，从而更有信心地把握自己的节奏。

培养孩子的情绪调节能力

当孩子因外界节奏感到压力或挫折时，帮助他们学会调节情绪。教孩子一些简单的情绪管理技巧，如深呼吸、放空大脑或写日记，让孩子在面对困难时能够保持冷静，更好地应对挑战。例如，当孩子因为考试成绩不理想而沮丧时，可以引导他们进行慢跑等运动，缓解负面情绪。